MATRIZ ENERGÉTICA BRASILEIRA

Da Crise à Grande Esperança

João Alves Filho

MATRIZ ENERGÉTICA BRASILEIRA

Da Crise à Grande Esperança

MAUAD

Direitos desta edição reservados à
MAUAD Editora Ltda.
Av. Treze de Maio, 13, Grupo 507 a 509 – Centro
CEP 20031-000 — Rio de Janeiro — RJ
Tel.: (21) 2533.7422 — Fax: (21) 2220.4451
www.mauad.com.br

Projeto Gráfico:
Núcleo de Arte/Mauad Editora

CATALOGAÇÃO NA FONTE
Departamento Nacional do Livro

A474

Alves Filho, João.
Matriz energética brasileira: da crise à grande esperança / João Alves Filho. – Rio de Janeiro: Mauad, 2003.
188p.; 16cm x 23cm

ISBN 85-7478-100-2

1.Energia. 2. Energia – Brasil. Crise energética – Brasil. I.Título.

CDD 333.79

À minha querida esposa,
Maria do Carmo,
fiel companheira de idéias e ideais,
pelos vibrantes e corajosos discursos
proferidos no Senado contra o cruel
desmonte do sistema energético nacional.

ÍNDICE

APRESENTAÇÃO

Um livro Brasil

Em 1961, um jovem estudante sergipano de 20 anos, alto, sorriso aberto, olhar forte, entrou na Comissão de Planejamento Econômico do Governo da Bahia, em Salvador, presidida por Rômulo Almeida, o grande e saudoso economista que chefiou a Assessoria Econômica do segundo governo de Getúlio Vargas, de 51 a 54, com a missão principal de "estudar a situação da economia nacional e elaborar uma política energética para o país."

O jovem estudante estava chegando a Salvador para estudar engenharia na secular Escola Politécnica da Bahia, mas já era diretor-técnico de uma empresa da família e procurou Rômulo, na CPE, para saber da economia, possibilidades e futuro de Sergipe.

Assessor de Rômulo, assisti à conversa toda. Falaram mais de uma hora. Quando saiu, Rômulo, segurando os grossos óculos, um gesto muito seu, me disse:

– Esse rapaz vai longe. Muito sério para a idade dele.

Chamava-se João Alves Filho.

***

Fui reencontrá-lo em 75. Era prefeito de Aracaju, onde fez uma administração competente, moderna, revolucionária. Quando voltaram as eleições diretas para governador, em 82, elegeu-se com 82% dos votos, inclusive na capital, em que pela primeira vez um partido do governo, o PDS, ganhava.

Entrou para a Frente Liberal em 84, apoiou Tancredo Neves, ajudou a fundar o PFL, que, em 86, no rolo compressor do Plano Cruzado para o PMDB, elegeu em Sergipe seu único governador em todo o país. Em 87, Sarney foi buscá-lo para ministro do Interior e novamente revelou a mesma competência, energia e garra de quando prefeito e governador.

E se entregou, no Brasil e lá fora, ao debate e defesa da Amazônia, sobre a qual a cobiça internacional começava a avançar. Contestou um relatório malandro do Banco Mundial a serviço de grupos externos e denunciou o esperto "amor febril pela Amazônia" dos projetos de "intervencionismo" dos países ricos, através da "criação de uma entidade supranacional para cuidar da região".

Defendeu a presença crescente das Forças Armadas na Amazônia, viajou pelo mundo, deu entrevistas, fez palestras, discutiu, escreveu livro e nunca mais a conversa marota sobre a falsa "Amazônia abandonada" foi a mesma.

Em 90, voltou ao governo com 73,7% dos votos. Em 94, elegeu seu candidato a governador, Albano Franco. Em 98, Albano se reelegeu contra ele, mas sua mulher, Maria do Carmo Alves, foi senadora. E em 2002 Sergipe o fez governador pela terceira vez.

***

Estudioso, culto, viajor, escreveu um livro primoroso sobre a China e o novo mundo asiático, comparando-o com as perspectivas brasileiras. E agora nos dá este *Matriz Energética Brasileira – Da Crise à Grande Esperança*, um libelo contra a traição nacional que produziu a ruína do sistema energético brasileiro e o apagão.

Um livro corajoso, valente, verdadeiro e, sobretudo, irrefutável, documentado, provando que, no jogo pesado e sujo das pressões internacionais, nada acontece por acaso.

A serviço de interesses externos, quebraram o provado e modelar sistema hidroelétrico brasileiro, "o mais formidável parque hidroenergético do mundo", para substituí-lo pelo sistema termoelétrico, "cuja montagem depende de equipamentos 90% adquiridos no exterior", "movido a gás pago em dólar", "gerando quilowatts pelo dobro do preço" com "uma das mais poluentes formas de energia e criando dependências tecnológicas externas".

***

O livro conta a epopéia da energia no Brasil, desde Dom Pedro II inaugurando em 1879 a iluminação pública da Central do Brasil, no Rio. Em 83, na primeira cidade da América Latina, Campos. Em 87, Porto Alegre. Em 83, a primeira hidroelétrica, em Diamantina. Em 89, a segunda, em Juiz de Fora. Em 1900, em São Paulo e Rio.

Na década de 20, o visionário Delmiro Gouveia, "primeiro grande mártir do Brasil vítima do imenso poder das multinacionais e seus países", começa a aproveitar Paulo Afonso. E Vargas cria a CHESF e Juscelino, "o símbolo da energia", a CEMIG, Furnas.

E toda a história do Apagão, um crime maquinado, premeditado, preparado, planejado e executado nos porões da política econômico-financeira, contra o futuro do país.

No último capítulo, a sabotagem ao Pró-Álcool e uma aula magnífica sobre as novas energias: a solar, a fototérmica, a fotovoltaica, a eólica, a da biomassa.

Leiam este livro. Uma lição de nacionalidade. Um livro Brasil.

Sebastião Nery
Jornalista e Escritor

PREFÁCIO

Biomassa e Nordeste - Conversão do Infortúnio em Fortuna

Em *Sergipe Del Rey*. Neste magnífico pequeno livro de poucas páginas, o escritor potiguar Luís da Câmara Cascudo consignou não haver momento algum na história da cultura brasileira em que não despontasse o brilho inteligente de um sergipano com talento nacional, a exemplo de um Tobias Barreto, de um Silvio Romero, de um João Ribeiro, de um Gilberto Amado, de um Manoel Bonfim.

Este juízo cascudiano encontra sua cabal confirmação agora com o trabalho de um ainda jovem engenheiro de origem humilde que nos oferece um livro extraordinário, irrepreensível em assuntos estratégicos de enorme valia do ponto de vista social e político.

Não se trata aqui de mais um intelectual beletrista e nefelibata desconectado da realidade física do nosso território. Ao contrário, entusiasta do pioneirismo empresarial nacionalista de Delmiro Gouveia que foi dotado de uma extraordinária visão social e humanista, João Alves Filho é um conhecedor do agreste nordestino e da cultura dos trópicos. Tampouco é um homem de conhecimento abstrato e livresco; dir-se-ia então, parafraseando o poeta Luiz Vaz de Camões, que ele é um homem de saber de experiência feito, indo além do diagnóstico e apresentando solução para a região e o país.

Neste livro João Alves Filho enfrenta com coragem e ousadia o problema crucial e dramático do Século XXI, tanto aqui quanto alhures: o colapso inevitável dos combustíveis fósseis nas visões energética e ecológica.

O detalhe significativo é que esse estudioso o faz com a perspectiva a um só tempo regional, nacional e universal. Sempre a partir do conhecimento de sua região, o Nordeste, que, tendo condições excepcionais de riqueza natural, é no entanto vítima da incúria e dos interesses mesquinhos das classes dominantes.

O Nordeste é uma das regiões de maior potencial energético natural do planeta, mas tem sido justamente por isso castigado pela maldição e miséria que se abatem sobre o seu povo. Não é por acaso que esse engenheiro tem-se dedicado ao entendimento da desigualdade temporal hídrica.

A questão da água é fundamental para qualquer entendimento energético de origem vegetal. A demonização ideológica e colonizada da falta de água no Nordeste é uma mistificação infame aproveitada pelos políticos da indústria da seca, pois a escassez hídrica não resulta de contingências da natureza, mas sim de pérfida estratégia para manter a miséria artificial da região, encobrindo assim o seu imenso potencial energético e decorrentemente a possibilidade de abundância e bem-estar.

Um dos méritos deste livro é a análise crítica acerca do que tem acontecido no Brasil na área energética durante a última década, especialmente no que tange ao cotejo entre o embargo do petróleo nos anos 70 e o depressivo apagão feagaceano de 2001.

A história é o olho do tempo: não mente. João Alves Filho sustenta com argúcia analítica que a crise do embargo petrolífero da década de 70 foi muito mais grave do que aquela que medrou com o apagão feagaceano. De resto, esse vexatório apagão foi ardilosamente programado pelos inimigos do Brasil, externos e internos. A tal da austeridade do FMI, proibindo o Estado de investir na área energética, foi a causa do desastre. O absurdo é que os lucros das empresas de economia mista não foram aplicados na necessária ampliação de geração e distribuição energéticas. Por trás de tudo isso estava o desiderato de internacionalizar o sistema hidroelétrico brasileiro, substituindo-o pela insana instalação de termoelétricas de gás de petróleo com reservas situadas fora do país e sob o controle das sete irmãs. Energia paga em dólares submetida a aumentos de preços do petróleo, às crescentes variáveis das taxas de câmbio e a possível sabotagem de fornecimento, fechando a torneira do gás localizada fora do território nacional. Não devemos esquecer que esse gás natural, fruto do petróleo, é fonte causadora do efeito-estufa.

Todavia, eis a diferença substantiva entre os dois períodos anteriormente referidos: enquanto que da crise do petróleo surgiu a solução definitiva originária dos trópicos com o Pró-Álcool, da medíocre era feagaceana resultou a vil e apagada tristeza das termoelétricas, dispendiosas, poluidoras, controladas por multinacionais, gerando dependência e subordinação a grupos estrangeiros, além de resultar na destruição do excepcional sistema hidroelétrico brasileiro. A isso tudo adiciona-se que a conta está sendo paga pela Petrobras, com graves prejuízos para o país. Trata-se de crime que compromete área vital ao desenvolvimento do país. Eis o absurdo:

na terra do sol, em que a energia é pródiga e poderia fornecer ao mundo a verdadeira solução dos colapsos fósseis e ecológico, delineia-se um quadro apocalíptico. E, nesse aspecto, vale sublinhar o mérito de João Alves Filho em apontar o território brasileiro como o lugar da esperança para o futuro da humanidade, num mundo em guerra por causa do acaso dos combustíveis fósseis.

Lembremo-nos de que a guerra travada nos desertos das Arábias gira em torno de uma energia do passado – o petróleo – ao passo que o futuro energético, renovável e limpo da humanidade, encontra-se no continente tropical. Atente-se que a reflexão mundial sobre as questões energética e ecológica é originária da escola brasileira da biomassa. Com efeito, não passou desapercebido a João Alves Filho que o Pró-Álcool foi interrompido concomitante ao impedimento do Pró-Óleo vegetal que substituiria o óleo diesel. Cumpre acrescentar que as florestas energéticas dos trópicos permitem a geração de eletricidade através da biomassa, assim como do carvão vegetal viria o combustível e redutor das indústrias siderúrgicas e metalúrgicas do futuro. Em suma, é o aproveitamento imediato do sol, a grande fonte primária energética do planeta terra, através dos excepcionais conversores: os vegetais dos trópicos.

Neste livro delineia-se um caminho de desenvolvimento que reduz a zero a importação de energia, de matérias-primas, de tecnologia, de equipamentos e de dólar. Com isso – um desenvolvimento endógeno – abre-se a possibilidade concreta de criação de milhões de novos postos de trabalho e eliminação da fome, com a produção conjugada de energia e comida. Assim, teríamos condições de levar adiante uma política de exportação de produtos energéticos derivados da biomassa para suprir carências gravíssimas de países como Alemanha, China e Japão.

É com inegável júbilo que os membros e representantes da escola da biomassa assistem a uma assimilação crítica do arsenal teórico e prático dos trópicos por parte de um profissional bem-sucedido nas áreas empresarial e política, superando assim a terrível alienação energética e tecnológica que tanto emperra e dificulta os caminhos soberanos do desenvolvimento nacional.

J. W. Bautista Vidal
Físico e criador do Pró-Álcool

Gilberto Felisberto Vasconcellos
Doutor em Sociologia e Escritor

INTRODUÇÃO

A idéia de escrever este livro nasceu de uma circunstância especial. Na realidade estava concluindo uma obra sobre um tema aparentemente bem diferente – uma proposta para o equacionamento hídrico do Nordeste – quando fui surpreendido, em maio de 2001, por uma gravíssima crise energética. Ocorre que essa conjuntura, que resultaria num prolongado racionamento e desnudaria a fragilidade de um sistema fundamental para o desenvolvimento do país, na prática inviabilizava nossa proposta para a solução da gravíssima questão da água em nosso semi-árido. Isso acontecia em função do estreito vínculo, no Brasil, entre nossos rios e a geração da energia, já que mais de 90% dela provêm de hidroelétricas. Quanto ao Nordeste especificamente, a dependência é ainda maior: quase 100% têm origem hídrica, sendo sua maior parte originária do rio São Francisco.

Por sua vez, a elaboração de um abrangente projeto de equacionamento de recursos hídricos de uma região ampla como o semi-árido nordestino necessariamente implica em transposição de bacias, que em conseqüência envolve nova demanda energética, teoricamente agravando a carência do setor. Demanda, aliás, que abrange o Rio São Francisco, alvo principal de toda proposta hídrica analisada em nosso trabalho e que, como amplamente sabido, se encontra sobremodo agredido em termos ecológicos e com sua vazão esgotada pelas crescentes exigências do uso múltiplo dos seus recursos.

O novo desafio que se nos impôs, conseqüentemente, foi como encontrar, no bojo da nossa proposta técnica, a plena auto-suficiência energética para o equacionamento hídrico em análise, sem afetar a oferta de energia atual para a região nordestina.

Complicando ainda mais o elenco de obstáculos, à medida que nos aprofundávamos na busca de soluções adequadas, constatávamos que a bacia do São Francisco, de modo isolado, não seria suficiente para a resposta a todas as questões, sendo fatalmente necessário recorrer a rios de outras regiões, onde por outro lado se situavam hidroelétricas também vitais à matriz energética nacional. A partir daí, a conclusão óbvia: não se pode pensar na solução hídrica e energética da região nordestina, sem vinculá-la a uma abordagem nacional. E como se tem consciência, a crise energética envolve grande parte do Brasil, não se podendo furtar, portanto, à necessidade de se aprofundar na abordagem das razões e soluções dessa grave questão brasileira e, conseqüentemente, inserida num contexto mais abrangente, para abordar sua solução nos limites estritos do nosso semi-árido.

Por conta de todos estes aspectos analisados, fomos obrigados a interromper a redação do livro, que já se encontrava adiantado e no qual nos concentrávamos basicamente na discussão de um elenco de propostas para nossa gravíssima questão hídrica, para nos debruçarmos preliminarmente no diagnóstico e proposições para a crise energética.

Na busca de respostas consistentes para a crise energética que o país enfrenta, sobretudo sob o ângulo das suas conseqüências para o Nordeste brasileiro, me debrucei num estudo meticuloso durante 22 meses. Nesse período, valendo-me da minha formação de engenheiro, li toda a literatura atualizada de que tive acesso sobre geração elétrica, desde as convencionais (hidroelétricas, termoelétricas, nuclear), sem excluir as alternativas (eólica, biomassa, solar, etc), teses universitárias, as mais variadas análises econômicas sobre o assunto e, de modo especial, soluções adotadas em outros países. De resto, me dediquei a uma enriquecedora consulta a professores eméritos dos dois melhores centros de excelência na área de energia do Brasil, a UFRJ e a USP; participei de debates no Congresso, na Comissão Mista criada com a finalidade de "estudar as causas da crise de abastecimento de energia no país", em que foram ouvidos os maiores especialistas brasileiros na matéria; entrevistei as principais autoridades dos órgãos governamentais do setor (Eletrobrás, Furnas, Chesf, CEMIG, ministro de Minas e Energia, etc); bem como acompanhei as principais matérias publicadas na imprensa no período. Tudo isso implicou um trabalho exaustivo, que se exigiu uma profunda dedicação e disciplina pessoal – inclusive tive de privar-me do hábito de leitor quase compulsivo de bons livros de cultura geral, que cultivo desde a adolescência – creio ter valido a pena, por me aprofundar em um tema tão apaixonante quanto vital para o nosso país.

Com referência à busca do objetivo visado, da auto-suficiência energética para o projeto específico de equacionamento hídrico do nosso semi-árido, a boa notícia é que por fim foi encontrada uma solução que não conflita com a política nacional do setor. Com referência ao Nordeste como um todo, as conclusões a que chegamos são alvissareiras, daí porque em breve pretendo também concluir o livro pertinente.

Por fim, antes que passemos a analisar as raízes da questão da crise de energia brasileira, suas causas básicas e as soluções propostas, é necessário assinalar nosso convencimento de que o que se convencionou chamar de grave crise energética não é estrutural e poderia perfeitamente ter sido evitada. Ou melhor, em termos lógicos ela nunca deveria ter ocorrido, já que somos riquíssimos em fontes abundantes de geração elétrica convencional e sem similar no mundo em energia alternativa. Por outro lado, até anos recentes tínhamos implantado no país um complexo energético considerado modelo no mundo, sendo motivo de admiração pelas demais nações, por gerarmos energia que conciliava três virtudes notáveis: seu baixíssimo custo, o fato de não ser poluente e sua alta eficiência tecnológica.

A questão é: por que a crise energética nacional, com o pernicioso racionamento e a ameaça de apagão? Por que tantos sacrifícios e tantos prejuízos à sociedade brasileira?

A melhor síntese sobre o assunto, me parece, foi dada pelo jornalista João Melão Neto, em sua coluna no *Estado de São Paulo*: "Segundo o comandante Rolim – misto de filósofo e aeronauta – para que um avião moderno caia é necessário que o piloto cometa nada menos do que sete ou oito erros consecutivos. O mesmo raciocínio é aplicável ao atual colapso energético".

Teria apenas a acrescentar o seguinte: o resultado do trabalho da CGE – Câmara de Gestão da Crise de Energia Elétrica, instalada pelo então presidente Fernando Henrique Cardoso para encontrar os meios de vencer a crise, limitou-se simplesmente às saídas emergenciais, onerosas e poluentes, sem traçar caminhos definitivos para uma política energética eficiente para o país. O encaminhamento apresentado demonstrou que estivemos condicionados a uma visão de um governo que só priorizou as soluções monetaristas, em que a primazia é eminentemente o controle de curto prazo das finanças e a busca, a qualquer preço, do superávit fiscal, em detrimento de uma política desenvolvimentista e da montagem de uma sólida infra-estrutura que a possa embasar. E nenhuma infra-estrutura é mais fundamental a um país do que energia abundante e barata. Mas, desafortunadamente, esta tecnocracia arrogante e de visão unilateral que se colocou à frente do país durante o governo FHC não conhecia o Brasil real, aquele que realmente produz, seja na agricultura – que eles encaravam até com certo desprezo – seja na indústria, seja nos serviços. Daí, eles subestimaram a importância da energia para o país e, em apenas sete anos, passamos do país que tinha a energia mais abundante, barata e menos poluente do mundo, para uma nação que regrediu no tempo, mergulhando numa crise energética que fora insistentemente anunciada durante anos por inúmeros especialistas do ramo, professores universitários e analistas econômicos. Todos foram soberbamente ignorados por esses "doutos sábios", que suprimiram insensatamente vitais investimentos oficiais no setor. Afinal, na sua obsessão, eles acreditavam que, num mundo globalizado, o infalível mercado se encarregaria de resolver tudo...

Essa foi a única e verdadeira raiz da nossa inopinada crise energética.

E o pior: as soluções profundamente equivocadas concebidas pelo governo FHC, na frustrada tentativa de contornar uma crise pelos seus próprios erros, criaram uma herança maldita para as próximas décadas.

Resumindo a essência do pensamento desses senhores que comandaram com mão-de-ferro nossos ministérios econômicos, basta se analisar a frase de um dos seus arquétipos, Armínio Fraga, proferida logo após serem deflagrados os primeiros sintomas da debacle energética, quando afirmou que, em termos econômicos, "energia era como chuchu". Isso é, na cabeça dele, do mesmo modo que quando falta chuchu no mercado a dona-de-casa o substitui por beterraba, se deveria fazer o mesmo com energia. Seria como se a água necessária para encher os lagos das nossas hidroelétricas – que ficaram vazios e sem capacidade de gerar energia num ritmo apropriado, porque foram dilapidados por uma política insana que não permitiu às estatais energéticas do Ministério de Minas e Energia a construção de novas hidroelétricas – se encontrasse nas prateleiras dos supermercados, como o chuchu. Talvez esse equívoco de Sua Excelência se devesse ao fato de ele ser um homem muito ocupado com os números do sistema financeiro nacional, que gênios como ele transformaram, nos últimos anos, em dependente dos humores do verdadeiro cassino em que se transfiguraram as finanças internacionais, cujos operadores, através do acionamento de poucas teclas de computadores estrategicamente situados, podem quebrar um país em poucas horas. Ou talvez – praza os céus! – estivesse ele com remorsos das suas diretrizes sobre nossa política financeira, que levaram nossa dívida interna a se multiplicar por dez, levando-nos a pagar hoje, em juros anuais, mais do que o total gasto pela soma dos orçamentos dos Ministérios da Saúde e Educação do **primeiro governo social-democrata do país**.

Mas não devo antecipar conclusões. Proponho-me, a seguir, a apresentar uma síntese do diagnóstico da crise e, principalmente, a apontar alguns caminhos que me parecem oportunos para superar a crise energética do país, de modo definitivo, buscando soluções que impliquem no aproveitamento de recursos naturais, os quais temos em abundância. Naturalmente não deverei me estender de modo detalhado sobre a matéria, porquanto, em se tratando de um tema altamente complexo, exigiria uma longa exposição técnica que fugiria ao escopo do livro. Procurarei, entretanto, não ser superficial, a ponto de não deixar claro que a questão, ainda que grave, é circunstancial, dependente não da falta de chuvas, como o governo de Fernando Henrique tentou fazer crer à população, nem de carências de condições naturais no Brasil, mas de uma visão de mundo errada do governo FHC, que o levou a não estabelecer as prioridades corretas. E o que é desastroso: na busca de soluções emergenciais, nos conduziu por caminhos errados, como o das termoelétricas, que, além de gerarem uma das mais poluentes formas de energia, nos criam dependências tecnológicas externas, responsáveis por forte e contínua evasão de divisas. A nação brasileira é riquíssima em outras alternativas energéticas, mais baratas, que não poluem, com fontes abundantes dentro do território brasileiro e, em especial, geradoras de empregos essenciais ao nosso povo.

Por fim, cabe-me explicar o porquê do título do livro: *Matriz Energética Brasileira – Da Crise à Grande Esperança.* Isso decorre do resultado surpreendente a que cheguei ao fim das pesquisas para a elaboração deste trabalho. Conforme afirmei, mergulhei nas razões da crise energética e nos seus nefastos efeitos permanentes para a sociedade brasileira. Minha preocupação foi, através da identificação das verdadeiras causas que a provocaram, encontrar os meios de não repeti-las no futuro. Afirma-se com propriedade que aqueles que não estudam a história correm o risco de repetir seus erros. Dentro dessa linha de raciocínio, entretanto, viria a me deparar com caminhos alternativos surpreendentemente positivos em termos econômicos, sociais e de qualidade de vida para todo o povo brasileiro.

Um dos melhores historiadores contemporâneos, Toynbee, afirmou com grande sabedoria que “a humanidade é empurrada pelas crises”. De fato, em função dos esforços gerados na busca de soluções para superar a crise de energia, surgiram trajetórias capazes de nos conduzir a verdadeiros saltos nos nossos índices de desenvolvimento, não apenas em termos quantitativos, mas, sobretudo, qualitativos. Isto é, afetando não apenas nossa renda *per capita*, mas principalmente nossos índices de desenvolvimento humano (IDH).

Não me seria possível antecipar minhas conclusões, tentando retratar esses caminhos em poucas palavras, mas, sim, por meio de um raciocínio lógico e paulatino ao longo do livro.

Meu empenho aqui será no sentido de, através de uma linguagem simples – já que esse livro não visa prioritariamente os técnicos da área, mas, sim, os formadores de opinião do país – proporcionar ao leitor uma visão global e objetiva da questão, procurando municiá-lo com dados essenciais, a fim de que possa colaborar para uma reação da sociedade organizada contra alternativas equivocadas que poderão comprometer o futuro do setor no Brasil. Alternativas que poderiam representar, a médio e longo prazos, soluções que implicam a introdução de tarifas excessivamente elevadas, vindo a inviabilizar a capacidade de competição do nosso parque industrial e se constituindo em ônus insuportável para o bolso do nosso cidadão comum, já tão premido por uma das mais altas cargas tributárias do planeta.

Ao contrário, existem opções plenamente viáveis para implantar um modelo de desenvolvimento sustentável capaz de conduzir a nação brasileira a um patamar de liderança mundial, em termos de competitividade e excelência.

CAPÍTULO I

A marcha da insensatez
(Como conduzir o país mais abundante em energia hidroelétrica do mundo para o racionamento)

Poucas vezes na nossa história houve prévio aviso de uma crise, como a energética dos nossos dias, com tanta antecedência e com todos os detalhes de como ela ocorreria. E certamente nunca o presidente da República teve tantos e tamanhos recursos para evitá-la. Um misto de insensibilidade, incompetência e obtusidade, decorrente do triste fato de os tecnocratas responsáveis pela nossa política econômica serem fundamentalistas fanáticos, que crêem cegamente na infalibilidade das leis do mercado – que seriam capazes, por si só, de resolver todos os problemas de nossa complexa sociedade – impôs à nação mais um infernal "pacote", com imensos sacrifícios para todos os brasileiros. Pior! A ameaça de o país perder sua incomparável condição de competitividade, alcançada pelo fato de haver construído ao longo de duas gerações o mais formidável parque hidroenergético do mundo, potencializando tecnicamente a existência de dois fatores extraordinários: a abundância de energia barata e não-poluente. E, através de uma cegueira insana ou má-fé explícita levar o Brasil ao impasse de se ver coagido a trocar a água das hidroelétricas, uma fonte energética interna abundante, absolutamente limpa e fornecida gratuitamente pela natureza, por termoelétricas, cuja montagem depende de equipamentos 90% adquiridos no exterior, além de serem movidas a gás pago em dólar, e gerarem quilowatts pelo dobro do preço, sem contar sua condição lastimável de serem altamente poluentes.

A notável historiadora americana Barbara Tuchman escreveu um clássico intitulado *A Marcha da Insensatez*, em que narra vários eventos surpreendentes da história, quando determinados governantes envolveram seus povos em crises dramáticas ou em derrotas militares catastróficas, por assumirem atitudes inexplicavelmente insensatas, apesar de óbvios sinais indicativos de caminhos inteiramente contrários. A meu ver, se a brilhante escritora, recentemente falecida, tivesse analisado o contexto a que o governo do presidente Fernando Henrique Cardoso levou o nosso país, concluiria que o caso se adequaria a ser incluído na reedição do seu livro.

Com efeito, essa foi a crise mais minuciosamente anunciada de que se teve notícia nessas últimas décadas. Foram inúmeras entrevistas de autoridades da área, especialistas independentes do setor, economistas, cientistas, dirigentes de entidades empresariais, etc, dando informações detalhadas, especialmente concernentes ao Sudeste industrializado, sobre a ameaça que pairava sobre o Brasil, através da previsível crise energética que ocorreria a partir do final da década passada.

Apenas para ficar em um exemplo ilustrativo, um grupo de cientistas renomados, voltados para a área de geração elétrica, e professores universitários responsáveis por cursos de doutorado do setor das duas mais conceituadas universidades brasileiras, a USP e a UFRJ, Ildo Luis Sauer, Luiz Pinguelli Rosa e Maurício Tolmasquim, além de representantes do Clube de Engenharia, do CREA e da COPPE, entregaram, em audiência com o então vice-presidente Marco Maciel, em 1995, um alentado relatório destinado ao presidente Fernando Henrique Cardoso, detalhando os riscos a curto e médio prazos que o país corria, caso a trajetória seguida pela política estratégica do governo não sofresse uma radical mudança de rumos, neste que é o segmento estrutural nevrálgico, premissa básica para se detectar se uma economia nacional poderá ou não crescer. Nesse encontro, realizado, como se vê, seis anos antes do colapso energético, os cientistas, até pela sua posição técnica, evitaram qualquer tipo de argumento político, limitando-se à frieza dos números, às frias estatísticas contendo projeções irrespondíveis e à apresentação de gráficos com curvas de tendências elucidativas. Fizeram questão de esclarecer que suas posições nada tinham a ver com conotações ideológicas, mas à sua convicção de que *se tratava de questão de relevante interesse nacional*. Concluindo, pediram que fosse transmitido ao presidente que "se a intenção definida era privatizar o sistema energético, era imprescindível *encaminhar os investimentos privados para promover geração e não a venda de ativos*". Ou seja, a necessidade premente era de mais geração, mais transmissão e não transferir os ativos, já que transferência de usinas não expandiria o sistema.

Esses prognósticos passariam a ser amiudadamente repetitivos, ao longo da gestão de Fernando Henrique Cardoso, quando o sentimento contra as estatais, manifestado pelos responsáveis pela área econômica do governo, atingiu tal paroxismo, exacerbado após a assinatura do acordo com o FMI, que mesmo quando as energéticas estatais obtinham crescentes lucros próprios, eram senilmente proibidas de investir em novas hidroelétricas. Por mais inacreditável que possa parecer, o governo se submeteu ao conceito do FMI, imperialista e de comprovada má-fé – como será detalhado à frente através de documento insuspeito de um dos economistas mais famosos do mundo – segundo o qual, com o claro objetivo de forçar a venda indiscriminada das nossas estatais, de preferência ao capital estrangeiro, *a eventual aplicação dos seus lucros em novas geradoras passaria a ser computada como "déficit fiscal"!* Como se verá adiante*, numa memorável denúncia de Joseph Stiglitz, ex-vice-presidente do Banco Mundial e, recentemente, agraciado com o Prêmio Nobel de Economia, o FMI segue um roteiro padrão, nos países que precisam de sua *ajuda*, combinada com a dogmática *assistência técnica*. Do rol das distorções dissecadas pelo famoso economista norte-americano, talvez nenhum país tenha sofrido tanto o efeito dos seus desastrosos remédios quanto a Rússia, com destaque para o seu trágico processo de privatização. Como se sabe, os grandes beneficiários dessa privatização foram ironicamente os egressos da antiga *nomenklatura* do regime comunista, principalmente os ex-integrantes da temida KGB, até mesmo por serem os mais bem informados da situação real das estatais privatizadas. Registre-se, por acréscimo, que muitos deles se transformaram também nos líderes de uma terrível organização criminosa, hoje com notória atuação internacional no crime, denominada "máfia russa". Face a todo este contexto, não é de se admirar o nível de corrupção que imperou nesse processo, como de resto ocorreu, guardadas as proporções e nuances locais, em outros países da antiga *cortina de ferro*. Eu mesmo tive a oportunidade, em recente visita à República Checa, de ouvir essa denúncia de várias pessoas de diferentes classes sociais. Entretanto, voltando ao exemplo da ex-União Soviética, o modo como se deu a sua privatização foi o mais corrupto e amoral sistema de transferência do patrimônio de uma nação para uma reduzida elite de privilegiados. Mas o que importa registrar aqui, que diz respeito ao processo de privatização das estatais energéticas brasileiras, é que até mesmo os tecnocratas envolvidos no calamitoso processo de privatização russa não aceitaram duas imposições do FMI: primeiro, que os eventuais investimentos dos lucros das suas estatais não fossem computados como déficit fiscal, como seria aceito sem protestos no Brasil; segundo, que também está diretamente ligado ao desmonte das estatais energéticas brasileiras, é que houve a

---

* Vide exposição da página 33 à 35.

recusa peremptória do governo russo de privatizar suas hidroelétricas que tivessem um papel sistêmico com o uso múltiplo das águas. Esse último exemplo se encaixa no sistema de cascatas sucessivas ao longo do rio São Francisco, cujas águas também são utilizadas para usos múltiplos, tais como irrigação, navegação, pesca, abastecimento de cidades, etc. Registre-se que a CHESF só não foi privatizada, depois de esquartejada em várias empresas a serem vendidas isoladamente, de modo desastroso, contra os interesses do Nordeste, graças à vigorosa reação de uma plêiade combativa de parlamentares nordestinos, liderados na Câmara pelo competente deputado José Carlos Aleluia (BA) e por valorosos senadores, com destaque para os consistentes pronunciamentos da senadora Maria do Carmo Alves (SE).

O que fica nítido neste exemplo é que mesmo num país com a economia em frangalhos, que não era o nosso caso, quando há uma firme decisão política se pode dobrar um órgão de normas supostamente inflexíveis como o Fundo Monetário Internacional. Finalmente, acima do processo de satanização que muitos explicitaram na culpabilidade dos erros cometidos contra nossa economia pelo FMI, que sabidamente defende interesses dos países do Primeiro Mundo, o maior responsável de tudo foi o próprio governo brasileiro.

Em verdade, faltou ao nosso país uma estratégia, com objetivos bem definidos – a exemplo do Plano de Metas de JK ou, mais recentemente, do PND do governo Geisel, a fim de se alcançar um processo sustentável de desenvolvimento da nossa economia, no qual estaria inserida uma indispensável política industrial para a nossa nação – ou simplesmente a imprescindível firmeza na defesa da soberania nacional.

Por outro lado, os vultosos resultados das privatizações das energéticas, que atingiu até meados de 2001 a mirabolante cifra de US$ 23 bi (US$ 36 bi se incluída a transferência da dívida das empresas vendidas), foram retidos para o sacrossanto pagamento da dívida aos banqueiros internacionais. É ocioso dizer, como será aqui analisado, que bastaria que os lucros das estatais energéticas tivessem sido aplicados em novas gerações elétricas e em imprescindíveis investimentos em linhas de transmissão que, ao invés de racionamento, hoje haveria excesso de energia barata, um dos fatores mais significativos do nosso país para atrair investimentos internacionais.

Mas isso confrontava com as regras maquiavélicas do manual imposto pelo FMI, além do que esse importante trunfo de competitividade do Brasil, pelo fato de possuir a energia mais barata do mundo, contrariava as nações do Primeiro Mundo, por privá-las de um fabuloso consumidor de suas termoelétricas e do gás* controlado pelas suas multinacionais. E, como será explicitado mais adiante, por intermédio de documento irrespondível assinado por autoridade de competência, idoneidade, e, em especial, credenciais absolutamente incontestáveis, não apenas o FMI, como também o Banco Mundial e a OMC representam uma poderosa tríade claramente a serviço das nações industrializadas, preferencialmente dos EUA. Daí porque, de acordo com a rígida visão monetarista da equipe comandada com mão-de-ferro pelo disciplinado Pedro Malan, devidamente merecedor de entusiastas encômios da poderosa imprensa de Wall Street e da City de Londres, a palavra *investimento* – ainda que em infra-estrutura essencial ao país – passou a ser considerada como sinônimo de *gastança*, vício de uma *equivocada era desenvolvimentista* que haveria de ser substituída pela *modernidade* de um impecável controle de fluxo de caixa do Tesouro Nacional. Por outro lado, o resultado da venda das estatais deveria ser utilizado na área social, especialmente na saúde, na educação e na correção da vergonhosa desigualdade de rendas vigente no Brasil, a maior dentre as nações modernas do mundo, o que foi convenientemente esquecido. Conforme detalhado no documento "Panorama Social da América Latina 2000-2001", de autoria da CEPAL, *o Brasil tem a pior e, portanto, mais perversamente anti-social distribuição de rendas das Américas*, batendo a Bolívia, em segundo, a Nicarágua, em terceiro, e a Guatemala, em quarto. Em compensação é o Brasil o país que proporciona aos bancos aqui instalados o maior percentual de lucro anual do mundo. Quanto aos recursos auferidos com a venda das estatais, eles teriam na realidade destinação *mais nobre*: a amortização da dívida. Seria cômico se não fosse trágico registrar que, não obstante toda a montanha de recursos auferida com a venda das nossas estatais** ter sido aplicada supostamente na amortização da nossa dívida, ela

* O gás que compramos da Bolívia não pertence a nenhuma estatal ou empresa privada local, mas à Shell e British Petroleum, além da ENRON – a gigante companhia energética americana que recentemente faliu, resultando no maior rombo já ocorrido no histórico do capitalismo. O mesmo ocorre com o gás importado da Argentina. Isto é, são os interesses das multinacionais fabricantes dos equipamentos das termoelétricas cruzando-se com as controladoras do gás pelo mundo afora.

** Calcula-se que o Tesouro do Governo recebeu o montante de U$ 105 bi.

cresceria a níveis estratosféricos, a ponto de alguns conceituados analistas a considerarem impagável. Esta aparente contradição é decorrência de outra armadilha contida nos manuais do FMI: a política de juros altos, a título de conter a inflação e *last but not least* necessária para atrair os *investidores financeiros*, o que é um eufemismo para denominar os nefastos especuladores internacionais*, que aplicam o famoso dinheiro quente que foge do país ao primeiro sinal de crise, levando a instabilidade monetária aos mais longínquos lugares do planeta. Cria-se então o círculo vicioso: sem juros altos, os *investidores* não vêm e, com eles, a dívida se multiplica...

Bem, o detalhamento dessa lógica macabra deve ser melhor analisado em livros especializados na festejada política monetarista. A ela só nos referimos aqui para explicar os motivos pelos quais, numa fase na qual havia disponibilidade de recursos próprios, a área econômica impediu as estatais energéticas de investirem na geração de novas hidroelétricas e nas essenciais linhas de transmissão. Todo esse roteiro surrealista nos conduziu a uma crise insana, tão insistentemente anunciada com enorme antecipação pelas mais variadas fontes, mas soberbamente ignorada pelos formuladores das nossas diretrizes econômicas, nossos sábios encastelados nos confortáveis gabinetes dos ministérios da área econômica de Brasília.

Visto isso, cabe uma pergunta simples: será que aqueles cidadãos, de diferentes formações profissionais, que apresentavam prognósticos demonstrando em minúcias o perfil da gravíssima crise que se aproximava a galope eram cassandras com vocação para espalhar catástrofes ou, por outro lado, seriam videntes pura e simples?

---

* A ação letal às economias emergentes do mundo provocada por esses especuladores tem sido denunciada pelos melhores especialistas econômicos, inclusive do Primeiro Mundo, como o mais grave problema do capitalismo moderno. George Soros, ele próprio um dos maiores investidores individuais do mundo, face à dimensão destrutiva da ação dos seus pares, que não aceitam os mínimos limites éticos, vai mais além e denuncia que, continuando sem freios, esses *"gentlemen"* simplesmente destruirão o próprio sistema capitalista. Seguramente ao fazer insistentes denúncias em livros e artigos variados, o notório especulador não está fazendo uma surpreendente *mea culpa* nem o faz por sentimentos altruístas. Mas simplesmente deve movê-lo o instinto de sobrevivência: o nível de rapinagem chegou a tal ponto que ele teme pela morte pura e simples da galinha de ovos de ouro, da qual ele próprio é privilegiado beneficiário.

Nem uma coisa, nem outra. Apenas sabiam decifrar não complexas equações matemáticas, mas tão somente eram aptos a fazer as quatro operações de aritmética elementar. Isto é, limitavam-se a somar e diminuir, tal como é capaz qualquer criança do curso primário. Trocando em miúdos, bastava comparar o resultado da soma dos investimentos energéticos da década de 90, que insensatamente haviam sido reduzidos à metade do seu equivalente na década de 80 (ironicamente chamada de *década perdida...*), com os resultados projetados das demandas do mesmo decênio. No fim, uma operação simplória de subtração dos resultados mostrava o montante óbvio e incontestável do déficit energético previsível. Simples assim!

E por que os sofisticadíssimos modelos econométricos dos soberbos tecnocratas dos Ministérios da Fazenda e do Planejamento não identificaram conclusões tão evidentes, que poderiam evitar conseqüências tão desastrosas para a própria economia, em nome de cuja estabilidade eles impuseram tantas privações à nossa gente, em especial às camadas mais humildes? Fico me questionando se, talvez, pelo fato de eles viverem envolvidos com problemas tão exponenciais na elaboração de fórmulas mágicas para a nossa economia, das quais resulta a enxurrada de Medidas Provisórias cujos efeitos surpreendem a economia nacional e atormentam a vida do cidadão comum, se esqueceram de praticar as modestas regras das quatro operações aritméticas. E por conta dessa insensatez, levaram a nação brasileira a se submeter ao sério risco de comprometer todo o seu parque industrial, deteriorando sua eficácia e poder de competitividade no mundo globalizado. Cabe aqui registrar que todo esse inestimável patrimônio decorreu de uma dádiva da natureza, que de fato nos favoreceu com uma imensa matriz fluvial espraiada por todo país, acumulando 12% do total de recursos hídricos da terra. Alguém já disse acertadamente que a água está para o Brasil como o petróleo está para a Arábia Saudita. Ora, o país que detiver excesso de disponibilidade de água desempenhará um papel fundamental na geopolítica econômica deste século, cuja maior crise, de acordo com os mais acreditados cientistas, será provocada pela terrível escassez de recursos hídricos. Registre-se, contudo, a bem da verdade, que nosso povo não se limitou a ser um diletante apreciador da natureza. Com imenso sacrifício de suas limitadas poupanças e notável competência técnica e estratégica, ele soube no decorrer da última metade do século transformá-la em um formidável bem econômico, que dá à economia brasileira um trunfo de competitividade, que se tornará cada vez mais decisivo à medida que a questão energética preocupar os principais países do mundo. Haja vista o megalomaníaco plano lançado pelo presidente Bush, que previa a construção de 1.300 termoelétricas, fonte energética altamente poluente, além de autorizar "excepcionalmente" a exploração petrolífera em santuários ecológicos estadunidenses, desafiando regras estabelecidas em prol da preservação ambiental. Coerente com esse procedimento desesperado, opta por desafiar o mundo, não cumprindo o Protocolo de Kyoto, que limita a emissão de gases poluidores. A situação do Brasil, graças à visão estratégica dos dirigentes brasileiros, até oito anos atrás, era felizmente bem diferente. Para que se tenha uma idéia do esforço realizado pelo Brasil, a partir da década de 50: mais do que ter investido o equivalente a U$ 280 bilhões em hidroelétricas, conquistamos a melhor tecnologia do setor no mundo, implantando o mais eficiente parque energético entre todos os países modernos. Não é à-toa que engenheiros e especialistas dos demais países vinham ao Brasil aprender com o sofisticado funcionamento integrado do nosso complexo hidroelétrico. Exemplo recente disso é a participação da tecnologia brasileira na construção da maior hidroelétrica do mundo, Três Gargantas, atualmente em construção na China, a qual, depois de concluída, terá uma potência de 18.000 MW, 50% maior do que Itaipu.

Mas tudo isso foi colocado em risco por uma política insensata e dogmática, implantada durante oito anos. Porém, antes de detalhar a gênese dessa ameaça terrível que paira sobre os brasileiros, com o fim de serem compreendidas pelo leitor suas reais dimensões e suas nefastas conseqüências futuras, impõe-se fazer uma sucinta análise das raízes do modelo seguido implacavelmente pela área econômica do governo FHC, que num curtíssimo período, sob o pretexto da adequação da sociedade brasileira às "modernidades" da globalização, levou-nos a uma dependência tal, que um espirro nos EUA provoca-nos uma pneumonia. Mais uma vez, para ressaltar minha plena isenção dogmática ante o que exporei a seguir, ressalto que na minha vida privada sou empresário, com atuação em diferentes setores; como político, um dos fundadores do Partido da Frente Liberal e, portanto, defensor intransigente da livre empresa; como intelectual, tal como afirmava Churchill, entendo que o capitalismo, desde que subordinado às regras do bem comum da sociedade, *é o menos imperfeito dos regimes* até hoje postos em prática pelo homem e, seguramente, o mais competitivo entre todos. Esclarecidos esses pontos, ressalvo, entretanto, que não sou cego nem ingênuo para não perceber e encarar criticamente o jogo bruto e desigual entre as nações do Primeiro Mundo – obstinadas em manter a qualquer preço seus privilégios geopolíticos e econômicos – e nações emergentes como o Brasil. Especialmente quando estas últimas ameaçam o intocável predomínio econômico daquelas em setores estratégicos, em que demonstrem eventuais vantagens competitivas*. Não é por acaso que, se analisarmos a lista das dez nações mais desenvolvidas de um século atrás, à exceção do posicionamento no *ranking*, praticamente não houve mudança. Ou seja, trava-se uma verdadeira corrida de obstáculos quase intransponível para um país passar da condição de subdesenvolvido para desenvolvido. Todo o contexto em que se desenvolvem as tratativas estratégicas do comércio entre as nações não depende apenas da capacidade produtiva de um povo, mas da liderança e lucidez de seus estadistas (quando os têm...) para conceberem e defenderem ferreamente um inteligente projeto estratégico de desenvolvimento no qual fiquem preservados seus nichos diferenciais de competitividade. Tal como o é, por exemplo, a privilegiada condição energética brasileira.

Analisemos, por alguns instantes, o que se passa nos bastidores do atual processo da globalização, à luz das ações frias e pragmáticas do poderoso triunvirato FMI, Banco Mundial e a OMC.

Os bastidores do moderno colonialismo econômico

Inúmeros livros têm sido recentemente escritos sobre o fenômeno da globalização e seus efeitos nas nações do mundo contemporâneo. Eu, pessoalmente, tive a oportunidade de ler vários deles, não só pela sua atualidade, como porque as questões da geopolítica internacional sempre exerceram um nítido fascínio sobre mim, pela oportunidade de poder observar a argúcia e o maquiavelismo que lhes são inerentes. No que diz respeito ao tema da globalização, entretanto, os livros disponíveis pecam pelo extremo: os autores ou são apaixonadamente a favor, ou radicalmente contra. Recentemente, porém, tive acesso a um documento notável, comentado em um brilhante livro sobre a questão energética escrito por um dos mais conceituados conhecedores da questão energética brasileira, o cientista Ildo Sauer, professor do Programa da Pós-Graduação em Energia da USP. Esse documento é excepcional por várias razões: pela contundência das informações, pela objetividade

---

* Vide a brutal pressão que o Canadá fez contra a Embraer junto à OMC, para proteger a canadense Bombardier.

das conclusões e pela gravidade do seu conteúdo. Porém, o mais impressionante é a respeitabilidade e o *curriculum* do autor, por ser um dos mais aplaudidos economistas americanos, havendo recebido no ano passado o Prêmio Nobel de Economia, pela relevância dos seus trabalhos sobre a moderna economia capitalista. Todavia, ainda mais significativo é o fato de ser Joseph Stiglitz, o autor do documento, provavelmente o primeiro ícone do núcleo do *establishment* do poder mundial que se rebela, após ter tido a rara oportunidade de vivenciar intimamente as frias práticas desenvolvidas pelas nações do Primeiro Mundo. Práticas essas que são de fato apenas uma versão mais sofisticada – mas não menos letal – daqueles mesmos procedimentos utilizados no século XIX pelas nações colonizadoras na construção dos seus impérios coloniais. Só que hoje as nações desenvolvidas são mais requintadas: ao invés de fuzis e canhões do passado, usam "manuais econômicos" contendo um pacote de idéias defensoras da *suprema excelência e infalibilidade das leis do mercado*. Por outro lado, substituindo os obsoletos Vice-Reis, preferem cooptar prepostos locais escolhidos do *crème de la crème* da elite política, intelectual e econômica nacional, os quais, *devidamente motivados*, se tornam mais "realistas do que o rei" na defesa dos interesses da corte, em detrimento da soberania nacional.

Pela importância do documento que será transcrito e para que eventualmente não fique uma impressão equivocada de que seu autor possa ser um pensador teórico, sem vivência prática da mecânica do poder, ou mesmo um esquerdista enrustido ou ainda um marxista disfarçado, vale a pena alguns esclarecimentos mínimos sobre sua riquíssima experiência na cúpula do poder americano e mundial.

Até três anos atrás ele desempenhava o cargo de vice-presidente do Banco Mundial, função que acumulava com o relevante papel de economista-chefe da mais importante instituição financeira do planeta. Não bastasse isso, Joseph Stiglitz era o presidente do Conselho de Assessores Econômicos responsável pela assessoria direta do presidente Clinton nas questões da economia americana. Pode-se afirmar, sem medo de errar, que pouquíssimas personalidades mundiais têm bagagem cultural na área econômica, financeira e de questões de desenvolvimento das modernas nações no nível de Stiglitz. Mais raros ainda são os que se nivelam a ele no vivenciamento pessoal da mais alta cúpula decisória da economia do mundo. Ninguém, portanto, mais credenciado para fazer uma dissecação da complexa máquina de poder, cujas deliberações decidem os destinos de bilhões de seres humanos nos mais variados recantos da terra.

A seguir, transcrevemos *ipsis litteris* a descrição do documento apresentado no brilhante livro "Política Energética e Crise de Desenvolvimento", de vários autores, organizado por Adriano Murgel Branco, publicado pela Editora Paz e Terra. Esse capítulo é da responsabilidade do renomado professor Ildo Sauer:

O PAPEL DAS AGÊNCIAS MULTILATERAIS: UMA VISÃO DOS BASTIDORES

O Banco Mundial, além dos documentos publicados enunciando a sua política, possui outros, de caráter confidencial e restrito, detalhando as estratégias de "assistência" para cada país. Neste sentido, o depoimento a Gregory Palast da ação coordenada nos bastidores do FMI, do Banco Mundial e do Tesouro dos EUA (detentor de 51% do Banco Mundial), por Joseph Stiglitz, ex-economista chefe do Banco Mundial, destituído da função por divergências, é ilustrativo pela riqueza de detalhes sobre as formas de ação. Segundo Stiglitz, os estudos e pesquisas desenvolvidos em cada país, para subsidiar a estratégia de "assistência", raramente passam de inspeções em hotéis 5 estrelas. São concluídos com um encontro com o ministro das Finanças, a quem é entregue um acordo de reestruturação, pré-rascunhado, para assinatura "voluntária". Cada ministro recebe o programa contendo invariavelmente as mesmas quatro etapas:*

A primeira etapa é a privatização. *Conforme Stiglitz, raramente a venda de indústrias estatais é objetada e muitos políticos – usando as demandas do Banco Mundial e FMI para silenciar os críticos locais – festejam a possibilidade de leiloar suas companhias de energia, saneamento, telecomunicações, rodovias, ferrovias, etc.: "pode-se inclusive ver seus olhos brilhando diante da possibilidade de comissões para reduzir em alguns bilhões o preço de venda". Stiglitz acusa que, mesmo sabendo da deslavada corrupção no programa de privatizações russas de 1995 – o maior do mundo até então – o Tesouro norte-americano dizia não se importar; o importante era*

* Palast, G. "IMF'S FOUR STEPS TO DAMNATION, how crises, failures, and suffering finally drove a Presidential adviser to the wrong side of the barricades". The Observer, Londres, 29 de abril de 2001.

reeleger Boris Yeltsin, mesmo que fosse numa eleição corrupta. A Rússia acabou rapinada de sua base industrial pelos oligarcas apoiados pelos EUA e sua produção caiu a menos da metade. O que diriam sobre o Brasil, que anunciou o "maior programa de privatizações do mundo" após uma reeleição?

A segunda etapa é a liberalização do mercado de capitais. *Visa, teoricamente, garantir o livre fluxo dos capitais. Para Stiglitz, trata-se, na verdade, do ciclo do dinheiro quente: o dinheiro entra para a especulação, no setor financeiro e imobiliário, fugindo ao primeiro sinal de problemas. As reservas de divisas do país se evaporam. Para seduzir os especuladores a retomar, o FMI induz os países a elevar as taxas de juros para 30%, 50% a até 80% ao ano. O resultado é previsível: juros mais altos reduzem o valor dos imóveis, solapam a produção industrial, drenam as finanças públicas, provocam endividamentos monumentais.*

Terceira etapa: preços de mercado. *A liberalização dos preços formados a partir de mecanismos que mimetizem relações de mercado está na base do processo de extração e de transferência de renda nos espaços econômicos de infra-estrutura, recém-privatizados. O resultado final traduz-se no aumento de preços da eletricidade, do gás para cocção, da água e esgoto, telefones, pedágios, etc., além dos alimentos. Para Stiglitz, como conseqüência, via de regra ocorre a etapa "três e meio", com a emergência de manifestações de protestos ao FMI, dolorosamente previsíveis. Quando o país está de joelhos, quebrado e subjugado, o FMI extrai as últimas gotas de sangue. Aperta até que o caldeirão exploda, como na Indonésia, após a eliminação dos subsídios dos alimentos e combustíveis, e no Equador, em decorrência da elevação dos preços dos combustíveis e da eletricidade. A bancarrota das finanças públicas e o incêndio econômico e social traduzem-se em oportunidades de aquisições ainda mais depreciadas do remanescente patrimônio de empresas estatais. Surge um padrão: uma multidão de perdedores e claros vencedores – os banqueiros e investidores internacionais e o Tesouro dos EUA. A estes pode-se acrescentar uma emergente elite local, recém emigrada da tecnocracia estatal, onde participou da preparação e implementação do novo modelo, vendendo a seus novos patrões mais do que competência técnica, informações e capacidade de influenciar e arrancar privilégios junto às novas instituições que ajudou a criar.*

Surgem as novas instituições e transformações criadas para dar corpo a este paradigma: no setor elétrico, a desverticalização, com a criação de mercados atacadistas na geração elétrica e varejista na comercialização; a permanência dos monopólios naturais da distribuição e transmissão; órgãos reguladores, ditos neutros e independentes, (como a ANEEL e suas congêneres, ANP, ANATEL, ANA) para controlá-los, com o apoio dos órgãos de defesa da concorrência, em geral desaparelhados e frágeis; a*

* ANEEL, ANATEL, ANP, ANA - Agências Nacionais, respectivamente, de Energia Elétrica, de Telecomunicações, do Petróleo, de Águas.

estruturação de operadores independentes do sistema elétrico, privado, para geri-lo fisicamente (como ONS); e os mercados atacadistas para coordenar e garantir as operações financeiras associadas às transações de eletricidade de curto (mercado "spot") e médio (contratos bilaterais) prazos.

São poucos os casos notórios de rejeição do modelo de reestruturação do setor elétrico: do Uruguai que, por plebiscito, recusou as privatizações, e da Costa Rica, que, por manifestações populares e paralisações, obrigou o Governo a retroceder nas propostas. Em sua posse, o presidente Fox, do México, declarou que não privatizaria os setores elétrico e petrolífero, muito embora as receitas da PEMEX já houvessem sido hipotecadas, em governo anterior, para garantir o pagamento de juros e do socorro financeiro do Tesouro dos EUA, outorgado por ocasião da quebra mexicana.

***Quarta etapa: livre comércio.** O estágio superior do processo é o livre comércio, segunda as regras da OMC e do Banco Mundial, que Stiglitz compara à Guerra do Ópio, também "dedicada à abertura dos mercados". Como no século XIX, americanos e europeus estão hoje impondo a abertura dos mercados da Ásia, América Latina e África para seus produtos e serviços e, ao mesmo tempo, erigindo barreiras (sanitárias e cotas), fora do âmbito da OMC, à entrada em seus mercados de produtos agrícolas e industrializados. Na Guerra do Ópio, os bloqueios eram militares; hoje, Banco Mundial e FMI "podem ordenar bloqueios tão eficazes e às vezes mais mortíferos". Nesse contexto, situa-se a pressão norte-americana pela criação da ALCA, ressalvando, porém, que suas barreiras agrícolas e cotas, como as das indústrias do aço, eram inegociáveis.*

Stiglitz resume suas duas maiores preocupações com os planos do FMI/Banco Mundial: primeiro, porque são desenvolvidos em segredo e dirigidos por "uma ideologia absolutista, sem abertura para debate e discordância, minando a democracia"; segundo, porque não funcionam: sob direção da "assistência" estrutural do FMI, a renda da África caiu 23%. A China, entretanto, conseguiu reduzir o nível de pobreza no país, após recusar tal assistência.

Fiz questão de transcrever esse documento, não apenas porque ele é um libelo contra o modo como funciona a engrenagem do poder nos bastidores das três instituições mais importantes do capitalismo mundial, como pelas suas devastadoras conseqüências para inúmeras nações que se vêem obrigadas a recorrer à sua ajuda – inclusive o Brasil – sem que seus líderes estejam preparados para estabelecer limites às suas regras implacáveis. Alguns dos fatos aqui descritos já haviam sido denunciados por escritores e jornalistas independentes e por muitos ideólogos da esquerda, em especial no auge da Guerra Fria, embora, na verdade, de modo esparso e não tão bem informados. Nenhum deles seguramente apresentado de forma tão didática por um autêntico *insider*, mais do que isso, por alguém que foi uma das maiores autoridades dessa estrutura, a um tempo impiedosa e extremamente eficaz nos seus objetivos: proteger e, quando possível, ampliar os privilégios dos países hegemônicos do Primeiro Mundo, que são, de fato, os seus controladores.

Na verdade, quem conhece a longa história das nações e examina a fundo o *modus operandi* da sua diplomacia não se surpreenderá com o desnudamento dos insensíveis tentáculos com que se movem os bastidores dessa tríade que, desde o fim da 2ª Guerra Mundial, concentra a maior soma de poder sobre a economia do mundo na história da humanidade.

Desafortunadamente, salvo os detalhes e o refinado aperfeiçoamento do modo de operar, a essência dos seus objetivos sempre vigorou no frio relacionamento entre as nações fortes e fracas da terra. Quem resumiu essa reciprocidade de convivência de forma mais inteligente e definitiva foi o famoso primeiro-ministro Disraeli, em pleno esplendor do império britânico, quando afirmava de modo lapidar: "A Inglaterra não tem eternos aliados, nem eternos inimigos. Tem, sim, eternos interesses comerciais".

Quase dois séculos depois de Disraeli, na essência, salvo a retórica, naturalmente, nada mudou. A disputa de poder continua um jogo bruto. Repito, não é um jogo para amadores. Não é à-toa, faço questão de reiterar, que o *ranking* das dez nações mais desenvolvidas do planeta, no raiar do século 20, continua praticamente inalterado no início do século 21. É um clube fechado, que opera com extrema eficácia, reconheça-se, com estudado refinamento quando possível e, quando necessário, praticando friamente um jogo bruto, sem regras, para manter seus privilégios. Não é uma questão ideológica nem uma particularidade do "cruel" mundo capitalista. Trata-se simplesmente de regras maquiavélicas de sobrevivência dos impérios. Quem analisar, por exemplo, a estrutura vigente entre as nações do bloco soviético, vai constatar que o relacionamento da Rússia com os demais membros do mundo soviético era arte bem menos sutil e jogo ainda mais brutal. Para aqueles interessados em conhecer o jogo sutil – e quando necessário letal – praticado pelas grandes nações para defenderem seus privilégios, basta ler o magnífico livro denominado *Diplomacy*, escrito por Henry Kissinger, ele mesmo um frio *player* desse mundo sofisticado e cruel, *que não admite ingênuos.*

Dito isso, não estou aqui defendendo o isolamento do Brasil e seu afastamento da tríade, cujo poder atingiu tal patamar que seria praticamente impossível preservar nossa sobrevivência econômica nesse desumano planeta globalizado sem um relacionamento com ela. Mas não nos é dado o direito de sermos incautos. Ao contrário, cabe-nos cobrar do nosso governo, independente de sua viés ideológica, uma atitude de extremo profissionalismo, bagagem técnica requintada dos nossos negociadores e, sobretudo, absoluta prioridade, a fim de, em fazendo concessões que serão inevitáveis, não ferirmos os princípios básicos da soberania nacional.

Meses antes de sua saída do Ministério da Fazenda, Pedro Malan, contestando críticas da oposição, dizia com uma beatitude típica de um seminarista: "O FMI nada mais é do que um clube, onde todos têm direito a voto". Ora, esse é o exemplo perfeito da meia-verdade. Não deixa de ser um clube, mas que tem um pequeno grupo de *verdadeiros donos* que são as nações do Primeiro Mundo, capitaneadas pelos EUA. Ele esqueceu de dizer que enquanto os votos do Brasil, ainda que somados aos de vários pequenos países que ele representa, atingem apenas 2%, os EUA sozinhos controlam 30%. No Banco Mundial, a relação de poder é ainda mais ostensiva. O Tesouro Americano detém 51% das ações.

Devo, por fim, reiterar que não sou contra as privatizações, respeitando, entretanto, a premissa básica de que têm de estar dentro do conceito fundamental de uma política industrial do país. A propósito, revolta-me ler as reiteradas afirmações, entusiastos discursos e alentados artigos feitos por importantes membros do *establishment* e formadores de opinião contra o país ter uma política industrial, além do seu manifestado desdém contra aqueles que a defendem. Eles procuram incutir na mente dos incautos que *política industrial é algo obsoleto*, típica de regimes socialistas superados, ou de economias centralizadas fadadas ao fracasso; que as nações modernas, nesse mundo globalizado e de "livre mercado" (como se essa ficção fosse praticada pelas nações industrializadas...)*, encaram-na como símbolo do atraso e da ineficiência. Sem querer ser deselegante com esses refinados senhores, só podemos classificar suas afirmações de *deslavadas mentiras*.

---

* Vide recente exemplo do conceito de livre mercado *yankee* os escandalosos subsídios concedidos à indústria do aço americano, simplesmente porque elas se revelaram obsoletas e incapazes de resisitir em pé de igualdade com o aço brasileiro. Para completar a política truculenta e arrogante de Bush, sobreveio a aprovação da nova lei agrícola em maio de 2002, a famosa Farm Bill, que garante gastos com subsídios diretos aos privilegiados fazendeiros norte-americanos da bagatela de US$ 180bi nos próximos dez anos. Em contrapartida, segundo cálculos da CNA – Confederação Nacional da Agricultura, apenas os efeitos desses subsídios promoverão anualmente um prejuízo direto aos agricultores brasileiros no montante de US$ 2,4 bi.

Para ficar no exemplo brasileiro, as melhores fases do desenvolvimento nacional e, em especial, do fortalecimento do nosso parque industrial ocorreram quando tínhamos uma política definida de planejamento com objetivos claros. Isso é facilmente constatado nos governos de três presidentes que dirigiram nosso país em circunstâncias inteiramente diferentes: Getúlio Vargas, Juscelino Kubitschek e Ernesto Geisel. Quanto a este último, devem ser destacadas as conseqüências para o *boom* do parque industrial brasileiro, em função de suas medidas para fazer frente à maior ameaça de colapso energético do mundo, com a crise do Petróleo da década de 70. Essa, sim, uma crise energética real, esmagadora e independente de nossa vontade. Pelas muitas lições que podemos aprender da comparação entre o modo proativo como Geisel reagiu ante a mais grave crise energética do mundo e o modo simplesmente reativo como procedeu o governo passado ante uma crise no setor provocada pelos seus próprios erros, voltaremos adiante a tratar do assunto com mais detalhes. Em síntese, contudo, a essência da diferença das ações se concentra no simples fato de que na época do *crash* do petróleo o Brasil tinha um projeto estratégico de desenvolvimento com metas claras, o que atualmente não temos.

Mas, fixando-nos na importante questão da política industrial poderíamos nos ater às afirmações de líderes empresariais da estatura de Antonio Ermírio de Moraes, o maior empresário nacional, repetidamente escolhido pelos seus pares como o modelo de líder do setor no país; de Eugênio Staub, o lúcido presidente do IEDI, o melhor *think-tank* do empresariado brasileiro, além de ele próprio ser um dos nossos empresários com maior experiência internacional; de Horácio Piva, o jovem e dinâmico presidente da FIESP, a maior organização empresarial do Brasil. Nenhum deles poderia ser acusado de defender uma economia centralizada e muito menos socializada. No entanto, todos defendem uma política industrial para estabelecer as prioridades e as linhas básicas do interesse nacional e, em função disso, uma política inteligente de incentivos.

Pessoalmente já tive a oportunidade de visitar demoradamente três dos principais Tigres Asiáticos, Coréia, Taiwan e Hong Kong, além do Japão. E constatei de perto que uma política industrial bem formulada é uma das principais razões do extraordinário sucesso que seus produtos alcançam em todo mundo, captando divisas essenciais ao desenvolvimento do seu povo. Conhecedor, entretanto, da ostensiva vocação da nossa sofisticada tecnocracia da área econômica por tudo que provém dos EUA – em cujas universidades estudaram – creio ser suficiente ver o que tem a dizer sobre a matéria um dos ícones da economia norte-americana. Trata-se de Jeffrey Sachs, um dos mais celebrados economistas do mundo, requisitado para fazer planos econômicos em diferentes países que enfrentam crise. Em recente visita ao Brasil, ele concedeu uma elucidativa entrevista à *Veja*, em que afirmou textualmente:

> *"O Brasil precisa de um plano bem delineado de como chegar aos seus objetivos. Quais são as empresas que o país quer atrair?* ***O Brasil precisa de uma política industrial,*** *para beneficiar esses setores de alta tecnologia. Os asiáticos vêm fazendo isso com sucesso há 30 anos.* ***Até mesmo nos EUA temos política industrial.*** *É o caso da internet, da biotecnologia. O governo dá incentivos fiscais, investe em desenvolvimento e tecnologia.* ***O governo americano diz para os demais países cortarem gastos nessas áreas, mas não faz o que diz".***

Coerente, por conseqüência, com a imprescindibilidade de um plano concebido que trace as regras de uma proposta clara que a nação deverá trilhar para alcançar um desejável padrão de desenvolvimento para nosso povo e, dentro dele, uma lúcida política industrial, não se podia abrir mão da privatização, sobretudo no Brasil, onde a presença do estado era tão excessiva na economia. Assim, não era lógico, por exemplo, toda a nação pagar um alto preço para manter empresas estatais que davam vultosos prejuízos anuais, ou em setores sem nenhuma função estratégica, nos quais o empresariado privado poderia operar com maior capacidade, ou mesmo em setores de tecnologia de ponta e de rápida evolução, demandando insuportáveis investimentos, como o caso das telecomunicações. Todavia, o inaceitável é a afirmação leviana de que *tudo o que é mantido pelo estado não presta*, é corrupto e ineficiente. A esse respeito, vale fazer uma pequena análise que nos parece pertinente.

O ano de 1989 foi um dos mais extraordinários do século passado. Foi quando se assistiu ao desmoronamento do Muro de Berlim e à surpreendente desintegração do Império Soviético, numa velocidade inimaginável até então. Marcou, por via de conseqüência, o fim da tristemente famosa Guerra Fria. Claro que tudo isso foi alvissareiro para a humanidade, contudo trouxe um efeito colateral negativo: o aumento da arrogância norte-americana. Os EUA interpretaram unilateralmente essa fantástica sucessão de eventos positivos – que, segundo alguns respeitados analistas, resultou sobretudo da implosão provocada por causas internas de um império mantido por um regime com regras intrinsecamente insustentáveis – como uma demonstração pura e simples da superioridade do *american way of life* e da supremacia absoluta do capitalismo. Um dos seus famosos pensadores, Francis Fukuyama, escreveu um *best-seller* que sintetizava esse estágio de verdadeira paranóia da infalibilidade norte-americana, denominado de o *Fim da História*.

Segundo o megalomaníaco escritor, a história teria finalizado: todos acabariam seguindo os sacrossantos princípios defendidos pela economia norte-americana e, dentre esses, o endeusamento das regras do mercado. Daí à conclusão de que tudo deveria obedecer aos primados do mercado foi um salto e se marchou para um conceito de liberalismo exacerbado. Dentro dessa onda que se espalhou pelo mundo, ao estado deveria caber apenas a administração da saúde, educação, segurança pública, forças armadas e política exterior. Ao mercado e, conseqüentemente, à livre iniciativa, deveria caber tudo o mais. A Europa e os países mais adiantados da Ásia, com sua cultura milenar, foram contidos na aceitação dessas idéias liberalizantes, mas os EUA, por convicção, e os países em desenvolvimento assistidos pela tríade, uns por modismo, *outros por livre e espontânea pressão*, aderiram à tese da privatização generalizada, alguns sem peias, tais como a Argentina, tida e havida pelo FMI, por muitos anos, como o "menino prodígio" dentre os chamados países emergentes...

Nessa fase, naturalmente, os EUA lideraram o processo, não só privatizando áreas antes impensáveis, como os aeroportos, como praticando uma abrangente política de concessões de serviços públicos.

De repente, um fato lamentável, de uma improbabilidade tal que nem os mais audaciosos ficcionistas ousariam imaginar, viria trazer mudanças de rumos no próprio pensamento dos estrategistas americanos. Tratou-se do inimaginável ataque dos terroristas ao símbolo do capitalismo mundial, as torres do World Trade Center e ao coração do poder armado da mais poderosa nação do planeta, o Pentágono.

A questão é: o que tem a ver ataque terrorista com privatização? Simples: quando o FBI foi analisar as razões por que os terroristas puderam seqüestrar com tanta facilidade seus aviões comerciais, chegou à conclusão de que tudo foi facilitado pela precariedade da segurança dos aeroportos, que estavam privatizados. O que ocorreu? O princípio de racionalização e de contenção de custos do setor privado levou-o a falhar na *quantidade* dos guardas, que era o "mínimo necessário", e, particularmente, na *qualidade*, já que os seguranças ganhavam bem menos do que os próprios policiais de Nova York, sobretudo os federais, e conseqüentemente deles se exigiam menor treinamento e menor preparo técnico e psicológico.

De tudo isso começa a ficar claro para o próprio governo americano que há setores, como a administração dos aeroportos, em que o papel do Estado é essencial. Para encerrar, reza o manual do capitalismo ortodoxo que as empresas que não forem competentes para sobreviver por si mesmas devem (ser deixadas) falir. Ao mercado caberá encontrar soluções próprias para as adaptabilidades necessárias e ao governo está vetado qualquer tipo de subsídio para salvá-las. Essa é a lição que nos transmite a tríade do alto da sua sapiência. Há até uma famosa teoria schumpteriana, repetidamente utilizada, da famosa "destruição criadora". Na sua essência, ela defende, como o fazia Roberto Campos em vários de seus livros, a tese segundo a qual a "falência purifica". Isto é, que o capitalismo para ser cada vez mais eficiente não pode prescindir de crises; há necessariamente falência das empresas mais fracas e, portanto, não é dado ao estado intervir com qualquer ajuda, sob pena de interromper o processo corretivo...

Para demonstrar como nos países hegemônicos, quando lhes convém, a prática é bem diferente da teoria, basta registrar um exemplo do que está praticando os EUA após o lamentável e insidioso ataque terrorista. O governo americano acabou de salvar suas empresas aéreas, fornecendo-lhes não apenas empréstimos altamente subsidiados, como – imagine a blasfêmia! – dando-lhes dinheiro a *fundo perdido*, disfarçado sob a forma de *participação acionária* numa linha tal que assustaria até o próprio Lord Keynes, *que os ortodoxos do mercado tanto desdenhavam*. Como se vê, aos fortes tudo é permitido... Todavia, o que nos compete assinalar aqui é que estão em vigoroso processo de revisão, a partir de importantes estudiosos americanos, conceitos antes tão ardorosamente defendidos, tais como *Estado mínimo* e *infalibilidade de mercado,* integrantes do inflexível manual de Friedman e seus frenéticos *Chicago boys*, que se transformou na Bíblia monetarista dos soberbos comandantes da nossa política econômica. A propósito, como perguntar não ofende, caberia questionar como poderão resistir a VARIG, a TAM ou a VASP (a Transbrasil acabou falindo) competindo com as empresas americanas que continuam cruzando o Atlântico, deslealmente subsidiadas pelo imenso tesouro do Império americano que, entre outros privilégios, se dá ao luxo de imprimir os valiosos *papéis pintados*, sem lastro, chamados dólar. Dólar que é a moeda de referência, ante a qual se curva o mundo.

Mas o que nos interessa aqui é analisar a forma estapafúrdia como foram privatizadas as estatais energéticas brasileiras. Ou seja, como uma mentalidade de fundamentalistas ideológicos de uma visão monetarista exacerbada na linha da Escola de Chicago não apenas colocou em risco, mas quase priva a nação brasileira de um dos raros setores econômicos, o energético, onde detemos a mais avançada tecnologia e as condições naturais mais privilegiadas do mundo, e como tudo isso nos levou a uma *crise provocada*, na melhor das hipóteses, por erros calamitosos, por uma tecnocracia obtusa, e na pior, por deslavada má-fé.

Com efeito, por ser um setor vital para o nosso povo, é fundamental que se entenda como foi montado o mais competitivo setor energético do planeta, para onde convergiam técnicos do mundo inteiro, para aprender conosco como uma nação em desenvolvimento tinha chegado a esse nível de excelência, que agora se encontra ameaçado. Até mesmo para impedir que completem sua obra de destruição que, consumada, resultará na mais fantástica transferência da riqueza nacional para uns poucos privilegiados, na perda de competitividade da indústria nacional e, ao orçamento familiar do brasileiro comum, na obrigação de arcar com tarifas extorsivas que, aliás, já começam a lhe ser impingidas.

CAPÍTULO II

Como se implantou o mais eficiente sistema hidroenergético do mundo

A energia elétrica chegou ao Brasil poucos anos após sua entrada nos EUA e Europa. O imperador D. Pedro II, em 1876, visitando a famosa exposição industrial da Filadélfia, nos EUA, encantou-se ao tomar conhecimento da energia elétrica. Impressionado, convidou Thomas Edison para levar ao Brasil os aparelhos inventados por ele. Três anos após foi inaugurada, na capital do país, Rio de Janeiro, a iluminação pública da estação da Estrada de Ferro D. Pedro II, hoje a Central do Brasil. Quatro anos depois, em 1883, o Imperador já presidia a inauguração do serviço de iluminação por energia elétrica de Campos (R.J.) que seria a primeira cidade da América Latina a ter esse privilégio. Cabe registrar que até então tratava-se de sistemas simplificados. No caso de Campos, por exemplo, o sistema era movido por uma pequena máquina matriz a vapor, contando com três dínamos e 39 lâmpadas.

A primeira capital brasileira a contar com um sistema de iluminação pública consistente, gerada a partir de uma usina térmica pertencente à Companhia Fiat Lux, foi Porto Alegre, inaugurado em 1887, dois anos antes da proclamação da República. Decorridos mais dois anos, seria a vez da cidade de São Paulo ter o seu primeiro sistema de iluminação pública, gerada a partir da usina termoelétrica Água Branca.

Outro evento marcante seria a inauguração da primeira usina gerada a partir da força hídrica, setor em que, décadas à frente, o Brasil se destacaria como o país mais privilegiado do mundo. Com efeito, em 1883, seria inaugurada em Diamantina, Minas Gerais, a primeira hidroelétrica do país. No caso seu objetivo exclusivo era a mineração de uma mina de diamantes. Logo a seguir, em 1889, no mesmo estado de Minas Gerais, que no futuro se destacaria por ser um das principais "caixas d'água" do Brasil, seria inaugurada a segunda hidroelétrica, essa de maior porte, para abastecer uma fábrica têxtil e prover a cidade Juiz de Fora de um sistema de iluminação pública.

Na virada do século 20 o país dispunha ainda de poucas usinas, totalizando uma potência instalada de apenas 12 MW, todas sob o controle dos estados ou de investidores nacionais. O início do novo século coincide também com a chegada de uma empresa que iria dominar a maioria dos investimentos de eletricidade do Brasil nas suas primeiras cinco décadas. Tratava-se da Light, uma empresa anglo-canadense bem capitalizada, que iniciou suas atividades no país dando de pronto uma demonstração de força: comprou a Companhia Viação Paulista, que atendia a cidade com serviços de bondes de tração animal, e, mais importante, adquiriu o controle acionário da Companhia Água e Luz do estado de São Paulo, responsável pelo precário sistema de iluminação pública da capital. A cidade de São Paulo, à época impulsionada pela pujança da economia cafeeira, se urbanizava rapidamente e representava excelente potencial para investimentos da multinacional. Já em 1900 ela inaugura o primeiro sistema de bondes elétricos do país e, no ano seguinte, sua primeira hidroelétrica, com 2 MW, no rio Tietê. Logo a seguir se expandiu para o estado do Rio de Janeiro, instalando-se também na capital da República. Dentro de poucos anos ficou consolidado o amplo predomínio da Light no eixo Rio-São Paulo, o mais desenvolvido e de maior crescimento do país.

Além da Light, vários outros grupos privados nacionais, além de investidores estrangeiros, instalaram-se tanto em pólos do interior dos dois principais estados brasileiros quanto em vários outros estados, através de usinas térmicas e preferencialmente usinas hidroelétricas, que foram paulatinamente evidenciando sua elevada capacidade competitiva em um país sobremodo privilegiado em recursos hídricos espalhados por diferentes regiões. Dessa fase, vale registrar o pioneirismo de um dos mais criativos empresários brasileiros do começo do século e, sem sombra de dúvidas, o mais brilhante dentre os nordestinos. Trata-se do visionário Delmiro Gouveia, que foi o primeiro brasileiro a perceber o enorme potencial hidroelétrico do rio São Francisco e, em 1913, implantou uma das primeiras hidroelétricas do Nordeste, na altura de Paulo Afonso.

Vale a pena nos determos um pouco no papel desse homem extraordinário que, não fora sua morte prematura, certamente teria impulsionado o Nordeste para uma realidade bem mais avançada, não apenas no seu parque energético, como no seu próprio contexto socioeconômico. Em poucas palavras, é plausível se presumir que nosso *status* desenvolvimentista hoje não estaria tão distante do Sul-Sudeste, porquanto se conhece o efeito que um potente parque energético de uma região exerceria no país da década de 20 (e continua a exercer), atraindo um vigoroso parque industrial. Sobretudo, se esse parque industrial estivesse inspirado em padrões de competitividade e perspectiva social de um visionário que estava 50 anos à frente dos seus contemporâneos.

DELMIRO GOUVEIA, O BARÃO DE MAUÁ NORDESTINO

O visionário da eletrificação do Nordeste

No Brasil da década de 20, no século passado, as transformações sociais e tecnológicas se processavam com a lentidão característica de uma comunidade onde o anacronismo era o escudo mais adequado para evitar as mudanças e manter o *establishment*.

Cinqüenta anos antes, no Ceará, nascia o homem que subverteria esses valores e, atuando entre Alagoas, Bahia e Pernambuco, impulsionaria de tal forma o progresso e o desenvolvimento econômico da região Nordeste que seu empreendedorismo visionário poderia perfeitamente ser comparado, nas devidas proporções, ao pioneirismo do Barão de Mauá em seu incansável objetivo de modificar, modernizar e levar o progresso à nação brasileira.

Foi a partir de 1912, com a fundação de sua Companhia Agro-Fabril Mercantil, em Alagoas, que o nome de Delmiro Gouveia começou a ser gravado na História do Brasil, por sua visão arrojada e idéias sobremodo avançadas para o empresariado de sua época.

Ninguém imaginaria, por exemplo, que em pleno ano de 1916, num pequeno lugarejo do interior alagoano, repleto de miséria e abandono por parte do poder público, um empresário montasse uma estrutura industrial contendo uma grande vila operária com mais de 250 casas dotadas de iluminação elétrica, água encanada e até serviço de esgotos, tudo instalado ao redor de uma grande fábrica de tecidos.

A infra-estrutura da vila, localizada num povoadozinho chamado Pedra, era de tal forma evoluída em relação aos municípios alagoanos que a cercavam, que quem morava ali tinha a mais perfeita consciência de que habitava num verdadeiro oásis localizado numa terra maltratada pelas intempéries e pela absoluta omissão do poder público.

Além das comodidades próprias do progresso, tão distantes da maioria da população de Alagoas, os habitantes da vila contavam com assistência médica permanente e gratuita; quatro escolas – duas das quais de ensino profissionalizante; uma Caixa de Previdência Operária; um comércio florescente, dotado inclusive de uma feira dominical isenta de taxas públicas, o que barateava os produtos comercializados; além de diversos aparelhos comunitários de lazer, tais como cinemas gratuitos, espetáculos teatrais, bandas de música, campos de futebol, salão de danças e até um rinque de patinação.

Mas a estrutura montada por Delmiro Gouveia para os trabalhadores de sua fábrica não ficava por aí. Havia ainda mais elementos que identificavam um vigoroso progresso na localidade em relação às regiões circunvizinhas. A alfabetização dos menores da vila era obrigatória e até mesmo os adultos contavam com um pioneiro programa noturno de alfabetização; as estradas que davam acesso à vila eram cuidadosamente conservadas; as terras ao redor, também de propriedade de Delmiro, eram irrigadas e produziam alimentos em abundância; havia uma agropecuária moderna, com criação de gado Zebu e Holandês, onde se contava inclusive com os recursos da genética para o melhoramento das raças.

Dez anos antes, quando Delmiro Gouveia chegou à região, Pedra era um pequeno povoado que se resumia a meia dúzia de casebres ao redor de uma estação ferroviária que unia os municípios de Petrolândia a Piranhas. A transformação não poderia ter sido maior. Qualquer outro empresário da época teria desistido da empreitada de Delmiro quando tomasse consciência do que se resumia o povoado de Pedra.

Tendo começado sua vida profissional como condutor de bondes e caixeiro-viajante, Delmiro Gouveia, em sua ascensão empreendedora que haveria de mudar a face dos lugares onde morou, acabaria por se tornar grande líder comunitário e empresário dono de gigantesco império industrial.

Sua fábrica de tecidos e linhas de coser cresceria de tal modo, que acabaria por provocar a ira de multinacionais concorrentes, preocupadas com a perda de parcela considerável do mercado de linhas no Brasil, graças à qualidade e preços imbatíveis dos artigos que a Companhia Agro-Fabril Mercantil produzia.

Antes de tornar-se rico industrial e influente homem público de Alagoas, preocupado com os direitos e a ascensão social dos mais de 3.500 trabalhadores aos quais suas empresas garantiam o sustento, Delmiro havia se projetado como um importante comerciante de peles e couros entre os mercados do Ceará, Rio Grande do Norte, Paraíba, Pernambuco, Alagoas, Bahia e Sergipe, época em que passou a ser conhecido como o "rei das peles".

Tal era a obstinação, a visão muito além da sua época e a capacidade de empreender comercialmente de Delmiro Gouveia, que ele foi, sem dúvida, o pioneiro no Brasil no tipo de negócio que nos tempos atuais convencionou-se chamar de *Shoppings Centers*, ao criar na década de 20 o primeiro e bem aparelhado centro de compras do país, em Recife, Pernambuco. Um grande mercado que, face às perseguições que lhe eram movidas pela elite pernambucana que se sentia ameaçada pelas idéias deste cearense, acabou tendo um fim trágico, incendiado pela Polícia Militar daquele estado.

Sonhos de um visionário: pioneirismo na eletrificação nordestina

Mas os sonhos de Delmiro Gouveia iam muito além de objetivos meramente comerciais. A própria fundação e estruturação da vila operária de Pedra comprovavam isso.

Ele pretendia mais: queria ser um dos incentivadores do progresso de sua região e, com esse intuito, planejou uma audaciosa incursão para dotar de energia elétrica regiões de Alagoas, Bahia, Pernambuco e Sergipe que ainda não contavam com tal infra-estrutura. Previu que empresas de porte como as suas só poderiam crescer se contassem com a força da energia elétrica. Passou então a esboçar um projeto para aproveitar o grande potencial energético da cachoeira de Paulo Afonso.

A idéia era ambiciosa: ele compraria as terras próximas à cachoeira, nos estados de Alagoas, Pernambuco e Bahia e, com o apoio dos governadores, receberia autorização para explorar a cachoeira, instalando uma hidroelétrica que possibilitaria iluminar todos os estados envolvidos, inclusive com energia suficiente para abastecer a cidade do Recife, numa extensão e integração inéditas no Brasil de então.

No entanto, o governador de Pernambuco não aprovou a idéia, usando para rejeitá-la o argumento mais despropositado possível: considerou que o negócio proposto por Delmiro Gouveia, de tão vantajoso para o seu estado, só poderia fazer parte de alguma vigarice.

Delmiro não desanimou e, praticamente sozinho, instalou num dos saltos de Paulo Afonso uma hidroelétrica que gerava 1.500 HP com uma voltagem de 3 KV, depois de adquirir geradores comprados na Suíça e Alemanha.

Graças a esse empreendimento, que beneficiou com iluminação elétrica as populações da região, ele pôde dar um gigantesco avanço em sua companhia de linhas e tecidos, com a compra de modernos equipamentos elétricos que possibilitavam um incrível aumento na produção e competitividade dos artigos que fabricava.

Prevendo a expansão da fábrica e do consumo de energia elétrica na região, Delmiro chegou a encomendar quatro novas turbinas para gerar 10 mil HP adicionais para alimentar uma fábrica de tecidos com dois mil teares, que ele planejava.

Foi exatamente neste momento, com a sua indústria passando a fabricar mais de 20 mil carretéis de linhas diariamente, num trabalho ininterrupto realizado 24 horas por dia e empregando 3.500 pessoas, com depósitos instalados em Recife; Paraíba e Fortaleza, contando com uma marca que se consolidava no mercado – as linhas Estrela – que Delmiro Gouveia começou a sofrer fortes pressões da multinacional Machine Cottons, que se sentiu prejudicada com a perda considerável do mercado de linhas no Brasil. A marca nacional cresceu com tal ímpeto que começou, também, a roubar os mercados argentino, chileno e peruano, anteriormente dominados pela Machine Cottons.

Assim, ao inscrever seu nome em definitivo na placa dos maiores empreendedores do Nordeste, Delmiro ganharia também os inimigos mais poderosos que poderia imaginar. Ele foi assassinado com dois tiros, na porta de sua residência. As principais suspeitas recaíram sobre a Machine Cottons, mas foram presos apenas alguns pobres diabos acusados da execução, no papel de bodes expiatórios para eximir das suspeitas a poderosa multinacional que *generosamente* nunca faltava com seu apoio às eleições dos oligarcas políticos da região.

Foi a deixa para que, ato contínuo, a Machine Cottons comprasse das mãos dos herdeiros de Delmiro a sua fábrica, não para incrementar sua produção, mas para que, poucos dias após a compra, ela fosse completamente demolida e seus equipamentos destruídos e jogados no rio São Francisco, numa cena dantesca e inacreditável. Centenas de trabalhadores foram contratados pela Machine e deslocados à região de Pedras para destruir toda a oficina fabril da empresa de Delmiro, em que até o prédio sede da fábrica foi reduzido a pó e as ferragens retorcidas dos moderníssimos equipamentos da Companhia Agro-Fabril Mercantil atiradas no leito do rio São Francisco para que nada mais restasse da indústria no solo brasileiro. E tudo isso foi feito sob a criminosa omissão do presidente da República e das lideranças políticas nordestinas. Encerrava-se assim, de forma trágica e violenta, a trajetória do mais formidável competidor que uma gigantesca multinacional, que atuava à solta no Brasil da época, havia encontrado pela frente no mercado brasileiro.

Vale ressaltar que o poderio da Machine Cottons era de tal ordem, que logo se fez notar a arrogância do governo britânico que, ao tentar defender o indefensável em relação às arbitrariedades de sua multinacional, chegou ao ponto de se dirigir arrogante e ameaçadoramente ao governo brasileiro, como se o país fosse uma colônia inglesa.

Primeiro mártir

Em síntese, Delmiro Gouveia foi o primeiro grande mártir do Brasil vítima do imenso poder das multinacionais e dos países que as sediam; o pioneiro na luta dos brasileiros em busca de um desenvolvimento auto-sustentável sob o controle direto dos empresários nacionais.

Em seus sonhos de visionário, dezenas de anos à frente dos seus conterrâneos e, pelo menos, 60 na dianteira de seus colegas empresários – que pela visão retrógrada e mesquinha da época mantinham, nas poucas fábricas existentes, um regime desumano típico dos primeiros anos da Revolução

Industrial, no século XVIII, e em perfeita harmonia, aliás, com o regime oligárquico do poder público dominante – Delmiro vislumbrava um Nordeste bem diferente.

Com um sistema energético moderno, baratíssimo, graças à hidroelétrica que planejava ampliar no rio São Francisco, ele estava certo de que a região nordestina poderia firmar um parque industrial mais portentoso e competitivo do que o parque do Sudeste, que estava a dar seus primeiros passos. Até porque o sistema energético seria mais avançado do que aquele da região mais rica do Brasil. Previa mais: que a irrigação das suas terras poderia servir de referência, desde que as propriedades rurais fossem eletrizadas, para dezenas de milhares de hectares irrigados em todo o sertão nordestino, gerando um inimaginável poder empregador para os homens do campo; sabia igualmente dos efeitos que teria sobre as secas. O sistema foi concebido de tal modo extenso, de baixo custo para o consumidor e de tal forma integrado que, guardadas as proporções, o mesmo desempenho a nível nacional só seria obtido nos fins da década de 80 do século passado, com a criação, pela Eletrobrás, do Centro Nacional de Operações de Sistemas – CNOS, graças à visão do então presidente José Sarney.

Houvesse Delmiro sobrevivido à sanha assassina, cujos cordéis foram movidos quase que certamente do outro lado do oceano, sede da grande multinacional que ele ousara enfrentar, e, certamente, a região nordestina não teria seu nível de desenvolvimento tão distanciado das regiões Sul-Sudeste do Brasil. Sobretudo se, além da energia elétrica de Delmiro Gouveia, sua visão liberal-social fosse disseminada entre seus pares. Não é exagero pensar que seu papel poderia ter sido para o Nordeste, nas devidas proporções, semelhante ao que representou para a economia americana – e para o moderno capitalismo – a ação revolucionária de Henry Ford.

***

No campo da eletricidade, outra empresa multinacional que teria um papel relevante seria a American and Foreign Power Company, mais conhecida como Amforp, que passaria a atuar no Brasil a partir da década de 20, concentrando sua atuação no interior paulista e em capitais do Nordeste, incorporando dezenas de concessionárias de capital nacional. Evitou, por estratégia, a concorrência direta com a Light, dividindo suas áreas de influências num regime de oligopólio. O fato é que em 1930 todas as áreas mais desenvolvidas do país e aquelas que apresentavam potencial de crescimento estavam sob o controle das duas empresas estrangeiras, o que não se alteraria até a metade do século.

Convém assinalar, no entanto, que em 1930 começava um ciclo novo no Brasil com a revolução que levou Getúlio Vargas ao poder. Até então, o país tinha uma estrutura extremamente descentralizada, com os estados funcionando com grande autonomia, quase como ilhas separadas; em decorrência, a intervenção do estado na indústria elétrica era praticamente inexistente, como, de resto, nos demais setores industriais do país. Vargas, porém, tinha uma visão estratégica e vislumbrava a construção de uma nação moderna e industrializada, com forte intervenção do Estado, já que à época havia uma grande carência de capital privado nacional e ele, prudente e patrioticamente, se recusava a ver nossa economia dominada pelo capital alienígena. Aliás, isso seria uma marca registrada da sua longa atuação à frente dos destinos dos brasileiros, seja no prolongado período da ditadura, seja na condição de presidente eleito. O tempo, entretanto, provaria que essa postura de estadista não seria perdoada, nem pelas grandes multinacionais que, por razões óbvias, pensavam de modo diametralmente oposto, nem muito menos pelos seus poderosos prepostos locais, com ostensivo apoio da grande imprensa nacional. Seria, afinal, essa a razão síntese do desfecho da tragédia de 24 de agosto de 1954, revelada na sua corajosa Carta-Testamento, um dos mais importantes marcos da dura história dos brasileiros na busca pela concretização de um projeto de desenvolvimento auto-sustentável, sob controle nacional.

Claro que com sua dimensão de estadista não lhe escaparia o fato óbvio – obviedade que surpreendentemente não seria percebida por seu sucessor no fim do século – de que não se constrói um país moderno, industrializado e competitivo sem contar com uma forte estrutura de geração elétrica.

Sua primeira providência foi, através da criação, em 1933, do Departamento Nacional da Produção Mineral (DNPM), implantar um avançado Código de Águas, que passaria a disciplinar todo o uso da água no território nacional nas suas múltiplas funções, em especial a da geração da hidroeletricidade nos 60 anos seguintes. As fontes hídricas foram incorporadas ao patrimônio da nação como propriedade inalienável, sendo que no caso específico de hidroelétricas passariam a depender de concessões que variavam de trinta a cinqüenta anos. Foi um sistema legal da maior validade para o Brasil, concebido com a sensibilidade de estadista que percebeu que o sistema hídrico do país era uma das suas maiores riquezas e as hidroelétricas, pela sua interconexão com outros setores vitais, como o abastecimento humano, a pesca, a navegação, irrigação, entre outros, não poderiam ser propriedade privada, e sim, pelo seu papel social, necessariamente subordinadas ao poder público.

O TENESSEE VALLEY

Interessante registrar que não seria diferente a visão de outro grande estadista, do outro lado do mundo, que na mesma década assumiria o poder naquela que já era a nação com a maior economia do mundo, mas que estava mergulhada na sua maior crise. Franklin Delano Roosevelt, presidente dos EUA, criaria na década de 30 o famoso TVA – *Tenessee Valley Authority*, um programa de desenvolvimento integrado baseado no aproveitamento do uso múltiplo das águas do rio Tenessee. Vale a pena tecer rápidos comentários sobre esse projeto que, pelo seu formidável êxito, viria a exercer grande influência em importantes empreendimentos públicos brasileiros e inúmeros outros similares em todo o mundo.

Roosevelt assumiria os EUA em 1932, num dos instantes mais graves da sua história, quando o país se encontrava dilacerado por uma crise, cujos reflexos ameaçavam a sobrevivência do próprio capitalismo mundial, a partir do "crash" da Bolsa de 1929. Naquele ano explodia nos corações financeiros norte-americanos a bolha daquela que foi a maior especulação de bolsas da longa história do capitalismo. Seus efeitos seriam trágicos para a economia norte-americana, levando inúmeras empresas à falência, milhões de americanos a perderem o resultado da poupança de toda uma vida, centenas de bancos à bancarrota, milhares de investidores ao suicídio pura e simples. Por outro lado, no auge da brutal crise econômica, um quarto dos trabalhadores americanos estava desempregado. Os reflexos dessa debacle se espalhariam por todo o mundo, inclusive o Brasil, que teve sua frágil economia exportadora atingida intensamente, o que resultou, entre outras conseqüências, na notória queima de dezenas de milhões de sacas de café para conter a brutal queda de preços e, por fim, no campo político, na própria Revolução de 30, que mudaria nossa história, inclusive levando Vargas ao poder. Interessante, para demonstrar como o relógio do tempo se repete, que guardadas as proporções e as particularidades locais, os principais problemas da economia americana se assemelhariam à situação brasileira sete décadas após: *a brutal concentração de rendas* favorecendo uma minoria privilegiada, e a *abissal desigualdade regional.* Inúmeros escritores registraram magistralmente esses tempos de horror, quando pela primeira vez os orgulhosos norte-americanos chegaram a perder a fé na continuidade do seu regime democrata e na competência de seus líderes. Certamente dois deles se destacaram entre os melhores: John Kenneth Galbraith, em seu insuperável clássico o *O Colapso da Bolsa – 1929*, sob o prisma econômico, e o formidável *A História da Riqueza dos EUA (Nós e o povo)* do historiador socialista Leo Hubermam, dentro de uma análise social. Dessa última obra tiramos uma pequena síntese daqueles tempos de horror:

"Depois de Outubro de 1929 o título da história teria de ser mudado para "De endinheirado a esfarrapado." Nos terríveis anos da depressão de 1930-1932, o país mais rico do mundo tornou-se uma "nação abatida".

Em 1929 a renda nacional produzida foi de 81 bilhões de dólares.

Em 1932 a renda nacional produzida foi de 40 bilhões de dólares.

Exportações e Importações de Mercadorias

(em milhões de dólares)

ANO	EXPORTAÇÃO	IMPORTAÇÃO
1929	5.241	4.399
1932	1.611	1.322

Vejamos o que uma análise dos números nos mostra sobre a distribuição de renda das famílias americanas, em 1929:

Cerca de 6 milhões de famílias, ou mais de 21% do número total, tinham rendas inferiores a mil dólares por ano.

Mais de 6 milhões de famílias tinham rendas de menos de 1.500 dólares por ano.

12 milhões de famílias, 42% do total, recebiam 13% da renda nacional.

36 mil famílias, 0,1% do total, recebiam 13% da renda nacional.

36 mil famílias tinham, para comer, beber e se divertir, tanto quanto o que possuíam 12 milhões de famílias.

Os peritos de Brooking nos contam que com os preços que vigoravam em 1929 a renda de US$ 2.000 por ano era o patamar mínimo para garantir o sustento digno de uma família, o que quer dizer que 60% do povo americano em 1929, que foi o ano mais próspero da sua história, não ganhavam o suficiente para comprar nem mesmo as coisas mais necessárias, sem falar em luxos.

Em 8 de Novembro de 1932 o povo americano elegeu Franklin D. Roosevelt para presidente dos Estados Unidos.

O período que foi desde a eleição de Franklin D. Roosevelt, em novembro de 1932, até sua posse em 4 de março de 1933 foi de crise cada vez maior. A estrutura financeira da nação estava em ruínas – em toda parte os bancos tinham sido forçados a fechar suas portas. Cerca de 14 milhões de pessoas estavam sem emprego, número esse proporcionalmente maior que o de qualquer outro país do mundo. Esses trabalhadores desempregados, juntamente com suas famílias, davam uma população total maior que a do Reino Unido. A inquietação social estava varrendo o país. A classe governante estava positivamente ameaçada; tinha perdido a confiança em sua capacidade de administrar. Em seu discurso de posse, o novo presidente resumiu a situação:

> *"...Quero afirmar que creio friamente que a única coisa que devemos temer é o próprio temor: um temor sem nome, sem justificação, sem motivo, que paralisa os esforços necessários para converter a retirada em avanço..."*

No meio do brilhante plano de desenvolvimento empreendido por Roosevelt, denominado *New Deal* – um elenco de ações baseadas na estratégia intervencionista do estado defendida por Lord Keynes, um dos mais influentes economistas da história, duas ações foram importantes para vencer o *gap* do desenvolvimento regional americano. Uma delas se daria no Oeste do país, imensa região árida norte-americana sujeita a secas terríveis* que, tal como no Nordeste brasileiro, eram sinônimos cíclicos de miséria, sede, fome e morte. A solução aí se concentraria no formidável plano de equacionamento de recursos hídricos, com os magníficos projetos de transposição de bacias que resultariam na incorporação de milhões de hectares irrigados onde antes só havia deserto e desesperança, arremessando o desenvolvimento da região para padrões inimagináveis de crescimento e qualidade de vida.

Outro extremo dos EUA, a região Sul, seria, todavia, o epicentro do mais notável projeto rooseveltiano de desenvolvimento, que viria a ser copiado ou adaptado nos mais variados recantos da terra: o "*TVA* – Tenessee Valley Authority". A região onde ele se desenvolveria era uma das mais pobres da nação norte-americana e exerceria simultaneamente dois impactos simultâneos de igual relevância: extirpar a miséria regional e resolver um gravíssimo impasse geopolítico.

Quanto ao primeiro aspecto, era evidente por si mesmo: tratava-se de uma região onde a miséria vicejava da forma mais acintosa, dentro de um país que já detinha a mais dinâmica economia do planeta. O outro lado da questão talvez fosse ainda mais grave: lá ainda subsistiam abertas as veias do ódio separatista que levou os EUA à maior guerra civil de um país na história até então, levando milhões de irmãos a lutarem entre si anos a fio na tristemente conhecida Guerra da Secessão, que rachara o país nos anos 1861 a 1865 e imortalizaria a figura carismática de Abraão Lincoln. Tratava-se, por conseguinte, do mais acentuado problema geopolítico nacional. Por todos os títulos mereceria absoluta atenção do presidente Roosevelt, que também viria a se transformar em um dos maiores líderes da história norte-americana e seria aquele único a conseguir ser reeleito por quatro vezes sucessivas, desempenhando um papel vital, não apenas para sua pátria, como para o mundo.

Vale registrar que, para dirigir um projeto de tamanha responsabilidade, que visava abranger toda a bacia de um rio que cortava o coração do Sul, terrivelmente brutalizado pela miséria ostensiva da sua população – estando, ademais, sua própria existência ameaçada por uma implacável agressão ecológica e, por último, onde subsistia um ódio pouco disfarçado contra os ricos *yankees* nortistas, que

* Quem quiser conhecer o grau de miséria vigente na área na época, que lembra as cruéis secas nordestinas, recomendo o eterno clássico de John Steinbeck, ganhador do Prêmio Nobel, *As Vinhas da Ira*.

infligiram uma impiedosa derrota aos confederados, antes tão orgulhosos e cônscios das suas tradições – eram necessárias excepcionais qualidades de liderança, além de dedicação exclusiva a essa missão, por muitos considerada impossível.

Realmente suas metas eram extremamente ambiciosas e de uma abrangência até então não alcançadas por um único projeto governamental em qualquer parte do mundo. Do lado físico, visava recuperar a saúde de um rio essencial ao país, cuja sobrevivência, como mencionamos, estava ameaçada por uma cruel agressão ecológica, em uma era em que as técnicas para corrigi-la não eram bem conhecidas. Do lado econômico, implantar um ambicioso projeto de desenvolvimento sustentável, envolvendo uma ampla estruturação energética em toda sua imensa bacia, um arrojadíssimo projeto de irrigação, correção de um solo terrivelmente deteriorado por enorme agressão ambiental, desenvolvimento agrícola, navegação e uma infra-estrutura industrial ambiciosa, numa região eminentemente agrícola. Do lado social, atuar para que a população desse um salto nos seus padrões educacionais e nos seus índices de saúde imensamente inferiores aos do resto do país. Do lado geopolítico, extirpar o ódio separatista, extinguindo suas raízes socioeconômicas e culturais. E como se não bastasse tudo isso, vencer o imenso preconceito do *establishment* norte-americano, visceralmente avesso à intervenção do estado na economia, conscientizado nas suas entranhas a acreditar basicamente na força da livre iniciativa, contrário a qualquer tipo de paternalismo, e que acusava – sob o patrocínio de uma campanha infamante dos principais veículos de comunicação da nação, resistência radical dos republicanos no Congresso e profunda desconfiança da ultraconservadora Suprema Corte – o New Deal de Roosevelt (ironicamente, ele próprio um aristocrata milionário) de um plano sinistro para introduzir o comunismo nos EUA.

Não foi fácil para Roosevelt descobrir quase que um super-homem para a missão de conduzir o programa do *TVA*, até porque lhe seria proibido o direito de errar. Felizmente esse homem foi localizado na figura exponencial do engenheiro David Lilienthal, que faria dessa obra a causa de sua vida e, ao cabo de anos a fio de uma dedicação quase sobrehumana e inteiramente obstinada, conseguiria transformar o Vale do Tenessee em uma das regiões prósperas da nação estadunidense, onde se implantou um desenvolvimento assombroso, onde continuaria inevitavelmente a haver pobreza, mas de onde se extirpara a miséria e, sobretudo, onde voltaria a reinar, sessenta anos após a cruel Guerra da Secessão, o orgulho de novamente ser norte-americano, com o alijamento de vez do sentimento separatista.

As difíceis etapas dessa luta de gigantes valem a pena ser conhecidas por tantos quantos desejem estudar ou implantar ousados planos de desenvolvimento sustentável. Para aqueles que, como eu, sejam apaixonados por esse tipo de projeto, recomendo a leitura da epopéia descrita no maravilhoso livro *TVA – Democracy on the March,* escrito pelo próprio David E. Lilienthal.

VARGAS E A CRIAÇÃO DA CHESF

No Brasil, o Projeto Americano inspirou o presidente Vargas na criação da CHESF para o aproveitamento do potencial energético do rio São Francisco. Na Constituinte de 1946, graças ao empenho do grande parlamentar baiano Manoel Novaes, seria criada a Comissão do Vale do São Francisco, hoje transformada na Codevasf.

Cabe assinalar que Vargas não foi tão longe como seu colega americano no controle dos rios brasileiros, pelo menos naquele instante, certamente pelo fato de seu governo não ter à época condições de afrontar simultaneamente os EUA, Canadá e Inglaterra, de onde provinham os acionistas da Light e da Amforp. Mas submeteu todas as empresas do setor elétrico nacional, inclusive as duas multinacionais que avançavam celeremente, não apenas no controle da geração elétrica do país, mas também de seus rios, a uma rigorosa fiscalização. Através do avançadíssimo Código de Águas, o Governo Federal estabelecia o direito à fiscalização técnica, financeira e contábil em todas as empresas do setor elétrico. E mais: através desse controle rigoroso, ficavam estabelecidos os termos para a identificação das tarifas justas a serem cobradas dos usuários, além de principalmente reduzir o direito de propriedade dessas empresas ao *status* de meras concessionárias.

Decorrente da forte intervenção estatal na economia e do grande processo de urbanização do país, durante o primeiro governo Vargas (1930/45) houve um enorme aumento na demanda energética brasileira e as empresas do setor passaram a ter dificuldades de atender as exigências do desenvolvimento nacional. Tal fato se agravaria com o período da 2ª Guerra Mundial, em que o esforço de guerra dos países industrializados tornou impossível a importação de bens de capital essenciais à ampliação do nosso parque energético.

No fim do período beligerante já havia um discreto racionamento. Na ocasião, 2/3 do sistema energético nacional eram de responsabilidade da Light e da Amforp, e o 1/3 restante estava majoritariamente nas mãos de outras empresas estrangeiras que atuavam no país.

Para um governo extremamente nacionalista como o de Vargas, a presença do controle estrangeiro sobre uma área vital da economia, mesmo com os rígidos controles introduzidos pelo Estado Novo, era admitida com extrema relutância. Com a incapacidade do setor em acompanhar um Brasil que se industrializava a passos largos com a política de substituição de importações, esse sentimento foi se acirrando e Getúlio vislumbrava uma mudança radical no controle do setor, embora contido pelo ostensivo poder tentacular do capital estrangeiro na economia nacional.

A primeira guinada, ainda que momentaneamente tímida para os objetivos de Getúlio, ocorreu com a proposta da criação da CHESF pelo ministro da Agricultura, Apolônio Sales, com o fim de aproveitar o enorme potencial do rio São Francisco, inspirado no Projeto TVA, do governo americano. A essa altura Vargas já tinha consciência plena da situação privilegiada do Brasil para implantar um enorme projeto hidroelétrico sem similar no mundo, já que centenas de rios perenes se espalhavam por todo território nacional em condições extremamente estratégicas. Daí, no dia 03/10/45, Getúlio Vargas assina os decretos autorizando a organização da CHESF pelo Ministério de Agricultura. É verdade que sua ação estaria adstrita ao rio São Francisco, mas era apenas o começo de uma ação que haveria de se espraiar por toda a imensa nação brasileira. Vinte e seis dias após, contudo, ele seria deposto e seu sonho mais abrangente só seria retomado anos depois, quando ele retornaria ao poder e daria o passo decisivo para a criação da Eletrobrás.

Quanto à efetivação da CHESF, ela só ocorreria no governo de Dutra, em janeiro de 1947, e marcaria o deslanchar de um novo estilo de desenvolvimento do sistema elétrico nacional.

O primeiro empreendimento da CHESF seria a usina Paulo Afonso, considerada a maior obra da engenharia nacional até a data de sua inauguração, em 15/01/55.

Estimulados pela criação da CHESF e premidos pela visível incapacidade das empresas multinacionais instaladas no país de atenderem à demanda da frenética urbanização nacional do pós-guerra, e sobremodo o processo de industrialização, em particular no Sudeste, alguns estados mais desenvolvidos resolveram desenvolver iniciativas próprias para a produção energética, através de estatais locais. O estado que mais avançou foi exatamente aquele que foi o pioneiro no século passado na implantação de hidroelétricas, Minas Gerais. O estado mineiro, liderado pelo seu grande governador, Juscelino Kubitschek, visionário que juntamente com Getúlio Vargas (que a essa altura voltara à presidência) seria um dos dois maiores estadistas do Brasil do século 20, montou o mais exitoso programa de eletrificação estadual. JK inaugurou, em 1952, a CEMIG, que construiria várias hidroelétricas, a mais importante das quais seria a Três Marias, no rio São Francisco, de fundamental importância para o Nordeste, pelo seu papel regularizador do Velho Chico.

Como não poderia deixar de ocorrer, seria São Paulo, o mais industrializado estado brasileiro, o que mais se sentiria prejudicado pela incapacidade das empresas multinacionais de acompanharem a demanda crescente do seu parque industrial. Donde se viu coagido a seguir os passos de Minas, montando um plano estadual autônomo de eletrificação. Sua primeira hidroelétrica foi inaugurada em 1958 e seria seguida de várias outras, todas elas fundidas numa única estatal denominada CESP – Centrais Elétricas de São Paulo, fundada em dezembro de 1966. Cabe notar uma unidade de procedimento nessas empresas estatais fundadas a partir da demarragem dada por Vargas: todas investiram em hidroelétricas, nenhuma optou por termoelétricas. Por quê? Por uma razão elementar: num país privilegiado por uma malha fantástica de rios perenes e caudalosos, seria uma insensatez imperdoável se optar por outro tipo de geração de energia que não fosse a de fonte hídrica, a mais barata e menos poluente das gerações energéticas.

Só que no fim de século essa lógica seria quebrada.

Mas essa é uma distorção que examinaremos no local adequado...

Com o retorno de Vargas ao governo, dessa vez nos braços do povo, legitimado pelo voto popular, foi retomado o processo de planejamento do país, priorizando a industrialização e, por via de conseqüência, a energia. Dessa vez seu objetivo era concretizar o plano que iniciara com a criação da CHESF: o pleno controle do estado no setor energético, que se tornava esmagadoramente dependente da fonte hídrica. Ora, como já se mencionou aqui, segundo sua convicção, hidroelétrica para preservar a harmonia da geração elétrica com os demais usos múltiplos das águas só deveria ficar sob o controle do estado por uma razão pura e simples: a proteção do bem comum.

É compreensível que para os fundamentalistas do mercado que estavam à frente da área econômica do governo passado isso soasse como heresia própria de uma visão arcaica, superada e que há muito já deveria estar sepultada.

Será essa a verdade?

Como já disse aqui, não escondo meu conceito pessoal sobre esses senhores, que coincide com o exposto pelo professor Luiz Pinguelli Rosa*, dirigente do curso de mestrado de energia na conceituada UFRJ, em palestra no Senado. Segundo ele afirma com propriedade, são pessoas que adotaram um tal dogmatismo em sua visão monetarista, que são tão radicais quanto os mais extremados marxistas. A diferença é que esses últimos têm como bíblia *O Capital*, de Marx, e aqueles são fundamentalistas da prevalência do mercado soberano. Bem na linha de Friedman, o guru da Escola de Chicago, autor da badalada reforma econômica do Chile. Eu acrescentaria que eles não conhecem o Brasil real, aquele do interior, onde se trabalha em cima de uma realidade prática e não de teses acadêmicas ou teorias metafísicas.

Mesmo os EUA, que eles tanto admiram, parece-me que seu conhecimento daquele país se limita aos templos do mundo financeiro, que eles freqüentam com tanta avidez, e aos campus de sofisticadas universidades em que estudaram, desconhecendo, no entanto, o *interland* americano. E certamente nunca visitaram suas hidroelétricas, para saber como elas funcionam. Afinal, eles não têm tempo a perder com coisas da "velha econo-

* O professor Luiz Pinguelli Rosa foi nomeado, pelo presidente Lula, presidente da Eletrobrás.

mia". Se o fizessem, não teriam concebido um plano senil de vender nossas usinas hidroelétricas, porque saberiam o que o *establishment* americano pensa ainda hoje sobre sua geração elétrica a partir dos rios: exatamente como o "ultrapassado" Vargas da década de 50.

Verdade? Absoluta! As hidroelétricas americanas são majoritariamente mantidas sob o controle estatal e, muitas delas, sob controle do próprio exército norte-americano. Imagine se um parlamentar brasileiro propusesse uma lei sugerindo que nossas hidroelétricas ficassem sob o controle do exército brasileiro...

Pois bem, os EUA, catedral do capitalismo mais exacerbado, adota esse critério para várias de suas hidroelétricas. Por quê? Na prática pela mesma convicção do velho Vargas: hidroelétricas afetam todo o uso múltiplo das águas, envolvendo setores tão ou mais importantes que gerar energia e, em conseqüência, não devem ficar sob o comando do setor privado.

Tudo bem e por quê, perguntaria curioso o leitor, para nós eles exigem que todas as nossas usinas devem ser privatizadas?

Ah! Aí é bem diferente. Lá é a sede do Império e eles têm o direito de preservar suas riquezas naturais. Nós somos a *periferia* e devemos merecer o tratamento de colônia. Aqui, o FMI defende, a bem da *modernização* da nossa economia e de nos habilitarmos a competir no *mercado globalizado*, a necessidade de privatizarmos todas as nossas hidroelétricas. Claro, sempre que possível vendidas a empresas multinacionais...

Dentro da estratégia de governo – e Vargas era acima de tudo um estrategista que pensava sempre à frente – através da sua Assessoria Econômica, principal órgão econômico do seu governo, dirigido por Rômulo Almeida, que foi o homem chave do macroplanejamento, foram formatadas as principais diretrizes que deveriam ser implementadas na gestão. Dentre elas, a criação da Petrobras e, particularmente, da Eletrobrás, que haveria de ser o órgão chave para montagem de uma sólida infra-estrutura energética essencial para a consolidação de um país industrializado, como sonhava o presidente. A Eletrobrás, segundo esse ambicioso planejamento, deveria executar o Plano Nacional de Eletrificação, construir as grandes hidroelétricas e linhas de transmissão de alta tensão. Deveria, outrossim, funcionar como uma imensa *holding* que coordenaria todas as usinas de geração elétrica do país, administrando o Imposto Único sobre Energia Elétrica (IUEE) e negociando e avalizando os empréstimos necessários ao financiamento dos grandes projetos em todo território nacional.

É verdade que Vargas não veria esse sonho concretizado, porque seu governo foi extremamente tumultuado por uma oposição que, mais do que implacável, se revelou de índole golpista, apoiada por uma campanha odienta promovida pela maioria dos grandes órgãos da imprensa, parte dos quais regiamente apoiados por capitais externos, inconformados com a postura nacionalista do presidente. Toda essa trama seria revelada na histórica Carta-Testamento de Getúlio, escrita por ele na ocasião do seu suicídio.

Quanto à Eletrobrás, graças à feroz obstrução no Congresso Nacional, contando com o apoio desesperado das concessionárias estrangeiras através de parte considerável da imprensa, movimento que subsistiu à morte de Vargas, ela só teria sua lei aprovada em 1961 e seria promulgada pelo presidente Jânio Quadros. Na verdade, a realidade dos fatos, consolidados pelas sucessivas inaugurações de grandes hidroelétricas na gestão do presidente Juscelino Kubitschek, que elegeu a energia como o ponto principal do seu notável Plano de Metas, tornou inevitável a criação da Eletrobrás. À época já estavam em funcionamento pleno fortíssimas empresas estatais energéticas: a CHESF, a CEMIG, FURNAS, dentre outras.

Dentro desse conceito que defende a indispensabilidade da intervenção direta do Estado na construção de hidroelétricas, dentro de um imprescindível Plano Estratégico de Desenvolvimento Brasileiro, vale a pena nos determos em duas gestões fundamentais para o Brasil: a era JK e o governo Geisel. Aparentemente são duas personalidades que nada têm em comum: Juscelino Kubitschek comandou o mais democrático governo do país e Ernesto Geisel era um autocrata, presidente numa fase de regime militar. Ressalvada essa diferença básica, ambos, contudo, tinham uma visão desenvolvimentista e patriótica semelhante, embora com estilos diferenciados. Para os que se preocupam com um plano energético concebido dentro de uma visão de estratégia nacional, é indispensável conhecer a ação dos dois presidentes.

É o que veremos.

CAPÍTULO III

Juscelino Kubitschek: o símbolo da energia

Nenhum personagem na história sintetizou mais, na sua própria trajetória pública, a real importância da energia para a sociedade brasileira do que JK. Com efeito, sua vida representou o verdadeiro símbolo vivo da dinâmica do progresso e do desenvolvimento do nosso povo, representado por uma insuperável capacidade de trabalho, uma incomparável fé nos nossos destinos, uma liderança contagiante a despertar a alma adormecida da gente brasileira. Em poucas palavras, Juscelino é uma daquelas raríssimas figuras de líderes que, quando as nações têm sorte, vêem surgir, a cada século, no máximo um igual entre seus filhos. Ou, como diria o mestre Afonso Arinos, sua passagem entre nós foi de tal ordem fulgurante que *seu nome perdurará por mil anos.*

Nascido de uma família extremamente pobre lá nos confins da histórica cidade de Diamantina, no ano de 1902, filho de uma humilde professora, viúva de um modesto imigrante checo de alma boêmia, herdara da mãe o caráter rigidamente disciplinado das pessoas que sabem forjar seu destino e, ao mesmo tempo, o espírito alegre e otimista do pai. Educado desde a infância na inflexível ética materna do trabalho, conscientizou-se da importância de cultivar o estudo como única forma de vir a dispor dos meios adequados para viabilizar os sonhos, incutidos em sua mente por uma rija formação prussiana. Ainda adolescente se deslocara sozinho para Belo Horizonte para a sua formação universitária. Para custear seus estudos de Medicina, faria o concurso para telegrafista, trabalhando à noite, para estudar durante o dia, restando-lhe no máximo 3 horas de sono. Ao se formar, entraria na corporação dos bombeiros, de onde viria a ser capitão médico. Obstinado em seus estudos, anos depois viria a fazer residência na especialidade de Urologia em Paris, no conceituado Hospital Cochin. Volta a Minas Gerais, onde paulatinamente conquistaria a reputação de um dos seus mais conceituados médicos. Mas sua alma inquieta não se satisfazia com a vida disciplinada e monótona de um pacato médico de uma capital, à época, provinciana. Onde quer que passasse, nas múltiplas atividades que desempenhava desde que partira da sua bucólica terra natal, sempre se destacara como o líder natural dos seus pares. A partir daí, a atração pela política foi um desdobramento natural e, pouco a pouco, foi se afastando das salas da cirurgia para se dedicar à vida pública. Nessa nova fase de sua vida, em que encontraria seu verdadeiro destino, uma amizade em particular teria um papel relevante para potencializar sua vocação na nobre missão de condutor de homens e, como o futuro revelaria, no grande forjador dos destinos da gente brasileira. Desde a fase da Revolução Constitucionalista de 1932 havia se transformado em grande amigo de Benedito Valadares, uma figura pública cuja liderança iria influenciar durante longos anos a sorte do povo mineiro. Com efeito, Valadares seria nomeado interventor em Minas pelo presidente Getúlio Vargas e, em 1933, Juscelino foi convocado para seu chefe da Casa Civil. Já no ano seguinte, JK disputaria uma vaga para a Câmara Federal pelo Partido Progressista e surpreenderia a sisuda classe política mineira ao alcançar a maior vitória eleitoral do estado, superando em votos tradicionais figuras do PP, como Gabriel Passos, Negrão de Lima e José Maria Alkmim. Em 1940, é surpreendido pelo amigo interventor que o convida para a prestigiosa missão de prefeito de Belo Horizonte.

O "Prefeito Furacão"

Iniciaria aí a caminhada do maior administrador público da história brasileira.

A jovem capital mineira com apenas 45 anos, embora uma das grandes capitais de um Brasil eminentemente rural da época, era provinciana demais para uma alma inquieta e voltada para grandes sonhos. De repente a pacata cidade-sede do governo de tradicional sociedade mineira viu-se invadida por um verdadeiro vendaval de obras, emergindo grandes praças, imensas avenidas, moderno fornecimento de água e avançado serviço de iluminação pública, vasta rede de drenagem e esgotos sanitários. Dentro de pouco os recatados belo-horizontinos aprenderam a admirar aquele jovem administrador, a quem alcunharam de "Prefeito Furacão", porque não apenas planejava com fantástica criatividade, como ele próprio se punha à frente dos operários no imenso canteiro de obras em que se transformou a capital que mudava a olhos vistos, num ritmo verdadeiramente frenético. Já nas primeiras horas da manhã era comum o prefeito ser visto supervisionando as obras, às vezes ele próprio pilotando tratores para incentivar os operários que trabalhavam aos milhares, a fim de construir uma moderna metrópole saída da mente fértil de um visionário. Porém aquele notável trabalho que se desdobrava em uma gigantesca colméia não era produto apenas do arrojo de um tocador de obras, mas de um autêntico líder que sabia se cercar de uma plêiade de administradores, engenheiros, arquitetos, artistas e assessores, escolhidos entre os melhores e que, com o seu formidável carisma, cativava para acompanhá-lo na sua paixão indomável de realizar. Dessa magnífica safra surgiriam dois gênios que viriam a marcar profundamente a arquitetura e as artes brasileiras e do mundo contemporâneo: Niemeyer e Portinari. Deles brotaria a obra-prima da capital do maior prefeito que uma cidade brasileira já havia conhecido até então: a transformação de Pampulha no belíssimo centro de lazer e turismo de Belo Horizonte.

Concluída sua gestão, a capital mineira, antes acanhada província, havia se transformado em uma linda e moderna metrópole e ponto de referência entre as demais cidades brasileiras, pela excelência da sua qualidade de vida, graças ao formidável elenco de realizações urbanísticas e de infra-estrutura básica. Ela se havia preparado para ser o epicentro de outro vendaval de obras e profundas transformações que catapultariam, na década seguinte, dessa vez, Minas Gerais como um todo, de sua condição de estado eminentemente agrícola para o segundo estado mais industrializado do país e aquele que foi capaz de implantar o insumo indispensável ao desenvolvimento: um magnífico parque de geração energética sem paralelo no país.

Com efeito, ao sair da Prefeitura da capital, JK havia se transformado no político mais popular do estado. Em 1946, com o fim da ditadura, é eleito para a Assembléia Nacional Constituinte e, finalmente, se candidata ao governo de Minas Gerais, elegendo-se, com uma vitória consagradora, governador do estado em 3 de outubro de 1950, com a promessa de priorizar o binômio "Energia e Transporte". Seria dado início à fase dourada do desenvolvimento mineiro, graças à visão de estadista de JK e à sua capacidade inigualável de liderar transformações julgadas impossíveis, até mesmo pelos líderes mais experimentados.

O governador da Energia

Nenhum outro líder político brasileiro absorveu tanto o espírito de Getúlio Vargas quanto JK. Assim como Vargas, via a energia como ferramenta essencial do desenvolvimento nacional, sem a qual não seria viável se pensar em um Brasil industrializado e nem mesmo dotado de uma agricultura moderna. E embora tivesse uma visão bem mais internacionalista do que Vargas, no que concernia às hidroelétricas compartilhava da sua visão, segundo a qual elas envolviam o uso múltiplo das águas e, conseqüentemente, deviam ficar sob o controle do estado. Tanto que embora tenha sido o grande incentivador do ingresso do capital estrangeiro para desenvolver nosso parque industrial, nunca o fez para a construção de usinas hidroelétricas.

Quando governador, construiu várias hidroelétricas, sendo sua ação mais significativa no setor a criação da CEMIG – Cia. Energética de Minas Gerais, em maio de 1952. Para se ter uma idéia do seu significado, basta dizer que ela hoje é a maior empresa integrada de energia elétrica do Brasil, gerindo a mais extensa rede de distribuição da América Latina.

A ação de JK como governador não se restringiu à construção de hidroelétricas; também soube utilizá-las competentemente para atrair indústrias, fazendo uma metamorfose no perfil da economia de um estado que, até o começo de sua gestão, baseava-se majoritariamente na agropecuária. Soube atrair uma pujante indústria siderúrgica, da qual se destaca aquela do poderoso grupo alemão Mannesmann. Honrando o *slogan* do seu governo, implantou paralelamente um portentoso plano rodoviário, que rasgaria com novas rodovias as mais variadas regiões mineiras.

Do mesmo modo que o enorme sucesso do seu desempenho à frente de Belo Horizonte credenciou-o para governar o estado, a excelência da sua gestão na qualidade de governador de Minas Gerais atraiu a admiração de todos os brasileiros. Concluído seu mandato, os louros do seu sucesso e a magnitude das expectativas de um líder predestinado que aprendera a sonhar alto naturalmente o guindaram à condição natural de candidato à Presidência da República. Dito isso, não se conclua que foi fácil a última etapa do caminho trilhado para alcançar o ápice da carreira do menino pobre da distante Diamantina. Por não ser aqui o espaço apropriado para fornecer os detalhes, resta-nos dizer que foi a travessia mais difícil e acidentada até então enfrentada por JK. Nela não faltaram golpes e contragolpes civis e militares, que só foram superados graças à coragem e obstinação de um homem que, uma vez traçados seus objetivos, nunca recuava mesmo ante dificuldades sobre-humanas. Enfim, ultrapassados um mar de dificuldades e armadilhas sorrateiras, Juscelino Kubitschek de Oliveira toma posse no Palácio da Catete, em 31 de janeiro de 1956.

JK presidente: 50 anos em 5

Iniciam-se então o maior vendaval de obras e profundas transformações que jamais se constataram no Brasil. Afinal, o desafio que JK se impusera era assombroso e aos mais céticos parecia mais a repetição de velhas e desacreditadas promessas eleitoreiras: fazer a nação brasileira crescer 50 anos em 5 de governo. Os que pensaram assim, no entanto, desconheciam o talento deste homem que, mais do que um político arrojado, era um estadista.

JK cumpriu rigorosamente sua promessa: o Brasil avançou 50 anos em cinco.

A grande vantagem que teve o governo de JK sobre a forma como se administra o Brasil atual, cujas decisões são tomadas ao sabor dos acontecimentos, é que ele sabia se antecipar aos fatos, fazendo-os acontecer de acordo com um rigoroso planejamento, devidamente explicitado durante sua campanha como *plano de metas*. Isso, naturalmente, além de ter sido ele o onipresente timoneiro a cobrar, com meticuloso cuidado, o cumprimento das suas 30 metas. Esse modo de governo sob a inspiração de um rígido plano estratégico de desenvolvimento, que ele seguia à risca, demonstraria sua validade de forma inconteste na sua gestão. Seu sucesso, entretanto, está vinculado a uma premissa básica: a existência de um timoneiro visionário e onipresente, que saiba cobrar ponto a ponto seu cumprimento. Exemplo vivo desse tipo de liderança foi o seu acompanhamento das obras durante os 44 meses que durou a construção de Brasília, quando fez 365 viagens de inspeção pessoal aos canteiros de obras, que empregavam um exército de 60.000 candangos. Ironicamente, anos depois, embora se recusasse a admitir, o governo militar viria também a adotar um plano de metas, então denominado PND – Plano Nacional de Desenvolvimento.

Energia como fator de desenvolvimento

Conforme ocorreu no governo de Minas, JK elegeu a energia como sua grande prioridade, sabedor que sua disponibilidade era indispensável para viabilizar qualquer plano consistente de desenvolvimento. De fato, em termos de investimento global, o percentual investido apenas em hidroelétricas atingiu o montante de 43,4% do total investido na consecução das metas*. Ninguém melhor do que o próprio JK para sintetizar a audácia dos seus planos: "Industrializar aceleradamente, transferir do exterior para o nosso território as bases do desenvolvimento autônomo; fazer da atividade manufatureira o centro das atividades econômicas nacionais – isso resumia o meu propósito".

Quando se observa a ambição dos objetivos a serem alcançados, fica óbvio que seriam irrealizáveis caso não houvesse um formidável incremento no parque energético nacional. Vale a pena uma rápida olhada em alguns deles, para se aquilatar o gigantismo dos empreendimentos:

- A indústria siderúrgica mais do que dobrou sua produção, passando de 1,1 milhão de toneladas para 2,3 milhões.
- A indústria naval partiu do zero para a construção de 14 estaleiros, alcançando a produção anual de 160 toneladas navais.
- Triplicou a produção de celulose, de 90 mil para 270 mil toneladas.
- Quadruplicou a produção do papel, que passou de 40 mil para 160 mil toneladas.
- Quadruplicou a exportação da Vale do Rio Doce, de 2 para 8 milhões de toneladas.
- Na indústria automobilística, alcançou um tento assombroso: atraiu a implantação de várias fábricas, passando do zero para a fabricação de 321.150 automóveis, com 90% a 95% das peças e acessórios produzidos no país.

* Esse percentual considera o total investido nas 30 metas inicialmente previstas, excetuando no seu cômputo global a chamada meta-síntese, que seria a construção de Brasília.

Na longa história dos países do mundo, jamais um país com uma economia baseada majoritariamente numa estrutura agropastoril deu um salto tão rápido para se transformar em uma nação industrializada. Evidentemente, não tivesse JK a plena consciência do papel da energia nas economias modernas e não houvesse investido maciçamente na construção de um formidável plano de implantação de usinas hidroelétricas, todo seu plano teria fracassado. Com efeito, foi um plano de uma dimensão nunca presenciada, com hidroelétricas surgindo em vários recantos do território brasileiro: *Peixoto, Salto Grande, Santo Antônio, França, Cachoeira Dourada, São Jerônimo, Limoeiro – concretizou Furnas e Três Marias – e* várias outras. *O resultado foi o salto do patamar anterior de 3 milhões para 5 milhões de K.W. instalados. Outro dado que atestaria a magnitude da sua obra é a constatação de que as águas acumuladas nas barragens passariam de 7 bilhões de m³ para 82 bilhões.*

Ainda no campo energético, JK se apercebeu de que não seria possível uma portentosa indústria automobilística sem que o Brasil deixasse de aumentar substancialmente seus investimentos na produção e refino de petróleo, além, naturalmente, de implementar uma imensa malha rodoviária.

Dentro do seu estilo de delegar responsabilidades e cobrar resultados, atribuiu à Petrobras uma meta à primeira vista inviável: multiplicar a extração de petróleo por 20 no período de 5 anos. A Petrobras correspondeu ao desafio e a produção própria de petróleo passou de 6 mil barris, no começo da sua gestão, para 120 mil barris diários, tão somente 5 anos depois. Por outro lado, no período, a capacidade própria de refino dobrou, passando de 108 mil barris diários para 218 mil.

Enquanto isso, a malha viária do país passou de 23 mil quilômetros para 46 mil, com a inclusão das novas rodovias. Dentre elas, a Belo Horizonte-Brasília, a São Paulo-Curitiba, a São Paulo-Belo Horizonte, além da Belém-Brasília, chamada pela oposição de a "estrada das onças".

Uma miríade de realizações

Como fugiria ao escopo do livro, não nos cabe detalhar aqui as múltiplas ações realizadas pelo governo JK, mas analisando-o hoje com a frieza e a distância do tempo, é como se essa figura extraordinária, que passaria a ser daí em diante referência emblemática de todos os nossos futuros presidentes, não tivesse deixado de remover pedra sobre pedra dos mais variados setores da realidade nacional. No Nordeste, por exemplo, construiu o Orós, o maior açude da América Latina e, sobretudo, se imortalizou pela criação da Sudene*.

Há, contudo, uma obra que não poderia deixar de ser mencionada, não apenas pelo seu feito considerado isoladamente, motivo de admiração de todo o mundo, mas pelas suas conseqüências futuras, que mudariam definitivamente a realidade geopolítica do Brasil atual e do amanhã: a construção de Brasília. Interessante assinalar que a construção de Brasília, sua mais fascinante obra e aquela de efeitos mais profundos para o futuro da nação brasileira, não constava inicialmente do seu famoso Plano de Metas. Seria incluída quase no fim da sua campanha presidencial, graças a um acontecimento aparentemente fortuito, quando um goiano lhe cobrou, em pleno comício, se ele faria cumprir uma cláusula constitucional que estabelecia a obrigação de ser construída uma nova capital do Brasil em plena região central brasileira. Ele aceitou o desafio e garantiu que o faria, confirmando a assertiva de que a história às vezes muda seu rumo por acontecimentos inesperados.

Seguramente a construção de Brasília, implantada no meio de uma selva no Centro-Oeste, a partir do nada, num período mínimo inferior a 4 anos, foi um feito sem precedentes na história dos povos, constituindo-se por si só em uma verdadeira epopéia. Convém ressaltar que não se tratava de apenas uma grande cidade, mas da mais moderna capital do mundo, cujo traçado urbanístico, o Plano Piloto, nasceu da maestria de Lúcio Costa e, quanto à sua arquitetura, obra do gênio Oscar Niemeyer. Tal a genialidade da sua concepção, que seria considerada por André Malraux como *uma esperança para toda humanidade*.

Essa obra era uma necessidade sentida há muitos séculos, já que as duas capitais anteriores, Salvador e Rio de Janeiro, estavam afastadas do epicentro geográfico do país e não induziam à imprescindível conquista do interior do país. Ou, no dizer de Frei Vicente do Salvador, no século XVII, os brasileiros se posicionavam tais como "caranguejos que viviam apenas arranhando o litoral". Cerca de um século após, em 1789, são encontradas nos Autos de Defesa da Inconfidência

* Desastrosamente extinta pelo presidente Fernando Henrique Cardoso.

Mineira várias referências dos insurreitos sobre a decisão de construir uma nova capital brasileira no interior do país. Finalmente, em 15/10/1822, a Comissão de Deputados Brasileiros, encarregada da redação dos artigos adicionais à Constituição Portuguesa referentes ao Brasil, recomendava expressamente: "O Congresso Brasileiro ajuntar-se-à na capital, onde ora reside o Regente do Reino do Brasil, *enquanto se não funda no centro daquele uma nova capital*". Esse texto teve a inspiração do imortal estadista do império, José Bonifácio de Andrade, que chegou ao requinte de sugerir-lhe o nome: Brasília. Pois bem, desde essa data longínqua vários governantes brasileiros analisaram a hipótese de realizar esse sonho, mas apenas um visionário, 171 depois dos mártires da nossa independência, ousaria viabilizá-lo e, mais do que isso, o faria comandando uma verdadeira epopéia. O próprio Juscelino Kubitschek resumiria nessas palavras a grandiosidade da mística que o movera após sua decisão: "Brasília estava lançada. Era uma idéia em marcha. Para mim, nenhuma força seria capaz de detê-la.".

Com efeito, apenas 3 anos e 10 meses depois de dada a partida à empreitada que intimidaria qualquer mortal comum, no dia 22 de abril de 1960, JK entregava aos brasileiros a capital dotada da mais arrojada arquitetura do planeta. Nas palavras de Oscar Niemeyer, "Brasília surgiu como uma flor no deserto". A partir daí, nunca mais nosso país seria o mesmo e novos bandeirantes, vindos de todos os recantos de nossa imensa nação continental, iniciariam uma nova conquista do nosso gigantesco interior, que estivera adormecido durante quase cinco séculos de nossa história. Sabe-se que JK rasgou o país, em todos os seus mais distantes rincões, com estradas que se entrecruzaram tal como uma imensa colméia. Afinal, foram 18 mil quilômetros de novas rodovias, superando em muito os 10 mil km inicialmente previstos no Plano de Metas. Mas, na verdade, na visão futurista de Juscelino, elas também tinham um papel fundamental: promover a abertura do Centro-Oeste e da imensidão da região Norte. Basta uma rápida vista d'olhos sobre algumas delas para se perceber seu insuperável fator integracionista: rodovias Brasília-Belém, Brasília-Fortaleza, Brasília-Cuiabá e Brasília-Acre. Apenas uma delas, a magnífica Belém-Brasília, com seus 2.200 km rasgando a selva, propiciou, entre 1960 e 1970, a fixação de meio milhão de pessoas em uma região inóspita. Para se avaliar suas conseqüências para o Brasil de hoje, basta lembrar que na inauguração de Brasília 65 milhões de brasileiros viviam na faixa do litoral e tão somente 5 milhões além dela. Hoje o estado de Goiás isoladamente tem uma população de 4,5 milhões, sem contar com mais 1,2 milhão do estado de Tocantins e 2 milhões em Brasília que dele se desmembraram.

Tendo vivenciado de perto – na qualidade de ministro do Interior, a quem estava subordinada a questão ambiental e, em especial, os assuntos referentes à região amazônica na época da Constituinte – as ostensivas pressões de países do Primeiro Mundo em prol da internacionalização da Amazônia, não tenho dúvidas de que não teríamos tido forças para preservá-la, caso não a tivéssemos ocupado de fato, graças à visão de Juscelino Kubitschek.

Daí porque eu não hesitaria em distinguir, em meio à ciclópica obra de Juscelino, duas ações suas como as principais para o futuro do Brasil. A primeira, indubitavelmente, foi a construção de Brasília. O esforço sobre-humano para implantá-la se justificou plenamente, sem contar com seus insuperáveis efeitos geopolíticos já comentados, a conquista do Centro-Oeste e seu significado multiplicador para a economia brasileira. Hoje essa região não é apenas a grande fronteira agrícola nacional, mas a maior da terra, além de, não obstante toda nossa industrialização, sabidamente a mais avançada dentre todas as nações emergentes, o setor-chave da nossa economia continuar a ser a agropecuária. Sim, é um fato pouco divulgado que a agropecuária é o segmento da economia no qual surpreendentemente alcançamos os mais elevados índices de produtividade. Afirmar isso talvez incomode a sensibilidade dos nossos sofisticados tecnocratas da área econômica, empedernidos monetaristas que são, mergulhados em suas tratativas de *hedge,* mercados futuros, derivativos e outros temas *inovadores* da sua venerada globalização financeira. Eles costumam desconhecer o mundo real, onde homens comuns, como nós outros, trabalham, produzem e, adicionalmente, geram impostos, daí haverem levado o Brasil à inopinada crise energética, simplesmente por desconhecerem o papel da energia como fator básico de desenvolvimento. Mas voltando ao peso da agropecuária em nossa economia, vale lembrar que no ano de 2001 o saldo gerado pelo setor agropecuário na nossa balança comercial alcançou mais de US$ 18 bilhões. Em contrapartida, nosso superávit global na balança comercial naquele ano foi de apenas US$ 2,6 bilhões, o que significa afirmar que se não fora a pujança da nossa agropecuária, o país teria tido um déficit brutal em torno de US$ 16 bilhões, o que de resto seria insuportável. Tal performance jamais seria possível sem a formidável agricultura – a mais moderna do mundo – do Centro-Oeste. E, claro, sem a genialidade de JK, que possibilitaria os meios para a conquista dessa magnífica fronteira agrícola. Por último, compete afirmar que nosso saldo real na agropecuária deveria ser quase o dobro, caso não houvesse os escandalosos subsídios agropecuários praticados pelos países da União Européia, Japão e os EUA, que alcançam US$ 1 bilhão por dia e que implicam a degradação dos preços dos produtos agropecuários no mercado externo. Isto é, anualmente os principais países do Primeiro Mundo gastam a quantia monumental de US$ 365 bilhões (!) em subsídios para manter sua deficiente agropecuária, ao mesmo tempo que se dão à desfaçatez (cinismo, talvez se aplicasse melhor) de pregar que o Brasil deveria abrir escancaradamente nossos mercados internos. Outro aspecto sobremodo interessante sobre a visão de JK é o modo como ele tratava o capital estrangeiro, procurando atraí-lo, mas mantendo-o sob controle, nos limites dos interesses nacionais. A respeito dessa questão ele diferia do modo de agir de Getúlio Vargas, que desdenhava o capital estrangeiro. Juscelino entendia não ser viável um desenvolvimento na velocidade que ele preconizava sem contar com crédito externo. Com efeito, durante sua gestão ele conseguiu alcançar o tento insuperável de atrair quase o dobro do total de investimentos estrangeiros que havia entrado no país desde a monarquia. Mas, como observou Hélio Jaguaribe, ele soube dar uma grande lição, aquela de como o capital estrangeiro pode ser usado para fins nacionais.

Exemplo marcante ocorreu com a poderosa Ford, que, convidada para investir no Brasil, esnobou o nosso potencial. Na realidade, o próprio Henry Ford, coerente com os preconceitos em relação à suposta inferioridade dos brasileiros, alegou que "era impossível fundir motores nos trópicos". Anos após, quando viu o extraordinário sucesso do Fusca da Volks – que aceitou as condições de JK de que mantivesse mais de 90% de índice de nacionalização, gerando um majestoso parque interno de indústrias de autopeças – resolveu entrar em nosso mercado. No entanto, quis impor a construção de um modelo obsoleto e caro, que foi liminarmente vetado por Juscelino. Que diferença dos tempos atuais quando, segundo a SOBEET* , apenas 20,5% do capital estrangeiro entrado no Brasil nos anos FHC visaram o setor produtivo, sendo 76,9% destinados ao setor de serviços. Ou seja, o capital externo não tem vindo para aperfeiçoar nosso setor manufatureiro nem aumentar nossa capacidade de exportar para o mundo globalizado. Ao contrário, já a curto prazo estará sendo oneroso para nossa balança de pagamentos, por conta dos pesados dividendos que serão canalizados para suas matrizes. Sem contar o pagamento de *royalties*, importações de equipamentos e o desemprego gerado em função do desmonte da cadeia de serviços promovidos pela engenharia nacional.

Mas, enfim, os tempos eram outros e bem diferentes também os conceitos de nacionalidade...

---

* SOBEET = Sociedade Brasileira de Estudos de Empresas Transacionais e da Globalização Econômica.

Outra ação pouco difundida, mas essencial à verdadeira reconstrução da identidade nacional levada a efeito pela liderança carismática de Juscelino, foi motivar os brasileiros a vencerem seus complexos de inferioridade ante os povos do Primeiro Mundo. A tese da superioridade dos povos das regiões de clima temperado foi pregada por inúmeros estudiosos e filósofos nas mais variadas obras ao longo dos séculos. Tão insistente foi sua repetição – e seu corolário de que era impossível a construção de uma civilização adiantada nos trópicos – que era pacificamente aceita, inclusive por vários notórios integrantes da *intelligentsia* nacional. Eu ainda me lembro, estudante da Universidade da Bahia na época do governo JK, da prevalência em muitos personagens da nossa vida pública e literária desse sentimento absurdo. Juscelino, além da imensidão da sua obra física, que construiria um novo Brasil, viria a ser o símbolo da desmoralização desse conceito colonialista, que nos provocava tantos danos psíquicos, imobilizando-nos na exploração do nosso gigantesco potencial.

Quem melhor sintetizou as origens desse fenômeno desconcertante e sua metamorfose foi o estudioso Wilson Amendoeira: "O problema foi o modelo de colonização centrado, primeiro, no trabalho do índio, indolente, e depois do africano, trazido como escravo. O índio e o negro, importantes matrizes da nacionalidade brasileira, sequer eram considerados seres humanos". E adiante: "JK, um *self made man*, filho de pobres, ex-telegrafista, que conseguiu se formar em Medicina e chegou ao mais alto posto da nação, era a personificação da auto-estima. Ele encarnava a auto-realização e usou muito isso para motivar os brasileiros a acreditarem na sua própria força criadora. Com sua visão de estadista, reconstruiu a identidade nacional".

O próprio JK resumiria, em suas memórias, a essência da fé inquebrantável em si mesmo que ele se propunha a incutir na alma do povo brasileiro: "Impunha-se, sobretudo, vencer as restrições mentais à industrialização, superar a descrença na capacidade brasileira de aproveitar nossos recursos materiais, arquivar de vez o derrotismo que esvaziava a alma nacional. A minha opção era clara e definitiva: o Brasil teria que produzir tudo aquilo que constitui o núcleo original do enriquecimento dos povos há mais tempo empenhados na industrialização de grande porte. Industrializar aceleradamente o país, transferir do exterior para o nosso território as bases do desenvolvimento autônomo; fazer da indústria manufatureira o centro das atividades econômicas nacionais – isso resumia o meu propósito, a minha opção".

Um episódio vivenciado por Juscelino, a meu ver, expressaria melhor do que mil palavras esse sentimento de força interior que ele incutiu na alma do brasileiro. Anos depois de ele deixar o governo, quando se encontrava no exílio nos EUA, sobrevivendo às custas de conferências que proferia nos centros de inteligência norte-americanos, ele foi interpelado em tom de crítica por um estudante de Yale, por que havia construído Brasília. E ele respondeu incontinente: "Pelas mesmas razões que estão levando vocês, americanos, a construírem uma estrada para a lua".

Uma coisa é absolutamente certa: o Brasil não seria o que é hoje não fosse a genialidade em criar e realizar sonhos que pareciam inatingíveis, além da suprema capacidade de liderar a nação, deste grande homem. De tudo que eu já li e ouvi a respeito da influência desse grande estadista da nacionalidade brasileira, o discurso proferido pelo seu conterrâneo Tancredo Neves na sessão em sua homenagem, logo após sua morte, parece-me antológico:

"Juscelino Kubitschek de Oliveira pertencia àquela rara estirpe do herói de Sófocles na Antígona: não viera para partilhar o ódio, mas distribuir o amor.

As nacionalidades dependem muito de sua configuração física, dos acidentes imprevisíveis e incontroláveis de sua formação, dos entes telúricos que lhe vincam a índole e a vocação, mas não há notícia na história de que nenhuma delas se haja transformado em nação poderosa, digna e culta, sem a presença de condutores clarividentes e proféticos, de guias seguros e carismáticos, de líderes sábios e generosos.

São os predestinados que, com suas mãos fortes e rígidas, sabem argamassar as virtudes e os defeitos do seu povo para torná-lo viril e dinâmico e que, com olhar fito no futuro, rasgam nos horizontes a perspectiva iluminada do seu destino".

Geisel: a validade de um Plano Estratégico de Desenvolvimento

O período do regime militar de 1964 continuaria a dar prioridade à montagem da malha energética nacional. Já no primeiro ano da revolução, em novembro de 1964, não apenas a Amforp como mais onze empresas estrangeiras foram adquiridas pela Eletrobrás. O mesmo ocorreria com a Light, mas só em 1979, em uma polêmica compra, quando já estava prestes a ser extinto o prazo de concessão da empresa estrangeira e seu patrimônio seria retomado sem ônus ao controle brasileiro. De qualquer modo, esse seria o passo final para a plena nacionalização da área energética.

Na realidade, no regime militar houve uma expansão vertiginosa da capacidade instalada de geração elétrica. No período 1964-1972, ela praticamente dobrou, e mais do que duplicou de 1972 a 1980.

Há, todavia, um período de governo que reserva muitas lições para os dias atuais, que é a gestão do presidente Geisel (1974/79). Nessa fase o governo se defrontaria com a mais grave crise energética enfrentada pelo mundo. Tratava-se do boicote de petróleo liderado pelos árabes, com a formação da OPEP em 1973, quando os preços do barril de petróleo dispararam de US$ 2,9 para US$ 11,65 e, finalmente, o repique da crise em 1979, quando houve outro salto no preço do barril, de US$ 13 para US$ 34.

O general Ernesto Geisel era um homem extremamente consciente da importância da energia para o desenvolvimento econômico. Mais do que isso, entendia perfeitamente a complexidade da geopolítica do petróleo, suas características quase monopolistas, pelas quais poucos países detinham a esmagadora maioria das suas reservas. E por trás deles um grupo de sete empresas anglo-americanas que, além de serem as grandes responsáveis pela distribuição petrolífera no mundo, também controlavam parte dominante da sua exploração e refino. Ele foi presidente da Petrobras, no período 1969/73, quando teve um excelente desempenho. Como era típico do seu temperamento, não se limitava a receber as informações sintéticas dos seus assessores, mas estudava a fundo todos os meandros de uma indústria cujo poder econômico era tamanho que exercia um ameaçador poder político-estratégico sobre todo o planeta, que construíra sua economia estruturada na energia petrolífera. Por conta disso, aliás, a disputa pelo petróleo fora o motivo principal de várias guerras entre as nações, inclusive a última grande guerra entre Japão e Estados Unidos. À medida que se aprofundava em suas análises, Geisel se conscientizava da fragilidade do planeta – dependente de uma indústria controlada por tão poucos – especialmente do Brasil, que em 1973 só produzira 175 mil barris por dia, para um consumo diário de 730 mil barris. Isto é, no primeiro choque do petróleo o país importava 76% do seu consumo diário do superestratégico combustível.

Geisel assumiria a Presidência da República em 15 de janeiro de 1974, em pleno olho do furacão da maior crise de energia da história. Pelo que encerra de efeito didático para a atual realidade brasileira, vale a pena fazer uma radiografia sobre a forma competente como o presidente soube conduzir a nação no enfrentamento da maior ameaça da história contemporânea sobre a economia brasileira.

Há de se considerar uma distinção fundamental: diferente da crise atual, devida a fatores puramente circunstanciais, aquela outra foi uma crise real, seguramente um golpe que teria ferido de morte o desenvolvimento brasileiro, não fossem dois aspectos essenciais. Primeiro, o fato de termos tido na ocasião um verdadeiro líder à frente do governo e, como se sabe, a história é pródiga de exemplos demonstrativos de como é importante uma nação ter um líder preparado em momentos de grandes tormentas. Permito-me aqui dar um modesto depoimento pessoal que ilustra esse tipo de circunstância. Tive a oportunidade de conviver de perto com dois presidentes do período militar: Ernesto Geisel e João Figueiredo. Dessa vivência pude, portanto, constatar de perto como dois presidentes, imbuídos na época de poderes discricionários, ambos com formação de caserna e carreiras semelhantes e, segundo se consta, com o mesmo brilho nas notas dos cursos de Estado-Maior, podem ser diametralmente opostos na forma de dirigir o país. O presidente Geisel era um verdadeiro *homem de Estado*, vocacionado para a difícil arte do poder, tinha plena consciência da "liturgia do cargo", usando uma expressão tão a gosto do presidente Sarney, sendo extremamente bem informado sobre as grandes questões do Brasil. A meu ver, pecava até pelo excesso de minúcias: fazia questão de ser informado sobre os mais variados assuntos. Pobre daquele que fosse despachar com ele sobre uma matéria e dela não tivesse pleno domínio! Ainda me recordo da verdadeira sabatina a que fui submetido sobre os problemas da capital, quando ele veio inaugurar um Centro Social Urbano em Aracaju, quando eu era prefeito...

Já Figueiredo era a antítese de tudo isso. Parece que aceitou a nobre missão de dirigir o país, a maior que um brasileiro pode aspirar, tal como se fosse comandar um quartel. Uma das minhas gestões como governador de Sergipe ocorreu durante seu governo. Tive vários despachos com ele, podendo testemunhar pessoalmente sua absoluta omissão e soberbo desinteresse em relação às mais graves questões nacionais, até as questões específicas de desenvolvimento dos estados. Resumindo em poucas palavras: nunca consegui completar a análise de um assunto que lhe levava na pauta de despacho, fazendo Sua Excelência questão de desviar o assunto para temas menores, como cavalos e futebol. E essa não era uma observação pessoal, já que queixa igual ouvi de diversos colegas meus governadores. Na época, na prática, o país era governado por uma dupla, felizmente composta de pessoas capazes: nas questões econômicas, Delfim Neto; nas políticas, Leitão de Abreu. Claro que, por mais capazes que sejam os prepostos, não podem exercer o poder na plenitude, como só quem está investido das funções da Presidência pode fazê-lo.

Devo esclarecer que ao dar esse depoimento não tenho nenhuma intenção de denegrir a imagem de um ex-presidente, mas faço-o com a isenção de quem dá um testemunho histórico e alerta, com fins puramente didáticos, para a nítida compreensão dos riscos que uma nação pode sofrer quando dirigida por um personagem que não está preparado. Por sorte, portanto, na época do "crash" do petróleo, o presidente Figueiredo ainda não havia assumido...

Outro aspecto essencial é que na gestão de Geisel dispúnhamos daquilo que é essencial para o êxito de uma nação: um Plano Nacional de Desenvolvimento, conhecido como PND. Ora, para um plano ser bom tem que prever caminhos alternativos, com pavimentações diferenciadas, a serem trilhados de acordo com as circunstâncias: boas, médias e ruins. Esse último foi o caminho que infelizmente seria trilhado no governo Geisel e ele correspondeu de modo magistral a uma lição que ele gostava de citar do historiador Toynbee: "A civilização só desperta e avança quando fustigada pela tempestade".

Naquela época, mais do que uma tempestade, o Brasil ficou no epicentro de um furacão de efeitos demolidores. Como já vimos, a crise nasceu quando os países produtores de petróleo montaram um cartel denominado OPEP, sob a liderança dos árabes e, em 1973, deram um salto no preço do petróleo, que passou de US$ 2,9 o barril para US$ 11,65. Também, como já mencionado, quando os países mal começavam a recompor suas economias, em 1979, a OPEP promoveu um aumento maior, passando de US$ 13 o barril para US$ 34. Para que se tenha uma idéia, diferente de hoje, quando a Petrobras produz 87% do nosso consumo, na década de 70 só produzia 24%. De repente a importação do petróleo passou a representar US$ 9,5 bilhões em 1980, quando em 1972 representava apenas US$ 376 milhões.

Não caberia detalhar toda a estratégia utilizada por Geisel para se antepor à crise, até porque fugiria ao propósito do livro. Contudo, para aqueles que tiverem interesse em conhecê-la – e é uma bela lição de planejamento estratégico – vale a pena ler um livro escrito com isenção absoluta pelo conceituado professor Antonio Barros de Castro, que foi adversário declarado do regime militar e perseguido por ele. Mas que teve nobreza de caráter ao demonstrar que o país foi um dos raros do mundo a sair fortalecido da crise do petróleo da década de 70. Trata-se de *A Economia Brasileira em Marcha Forçada*, Editora Paz e Terra, 1995.

Aqui me deterei em resumir a questão energética. O raciocínio de Geisel foi agir de maneira tal que o Brasil procurasse alternativas internas para substituir nossa notória deficiência de petróleo. Concentrou-se em três medidas básicas: aumentar maciçamente o investimento em novas hidroelétricas, a fim de que, aumentando a geração de eletricidade, pudesse trocar, no máximo possível, o uso do consumo dos derivados do petróleo por eletricidade. Por exemplo, os equipamentos industriais, que consumiam óleo combustível ou gás, foram incentivados a passarem a ser movidos à eletricidade.

Dessa estratégia resultou que a capacidade hidroenergética do país mais do que dobrou ao longo da década de 70. Mas isso, que já foi um tento excepcional, não expressa toda a verdade. Por exemplo, as gigantescas hidroelétricas de Tucuruí e Itaipu, esta que seria a maior do mundo, foram iniciadas em seu governo e só seriam concluídas em 1984, não estando incluídas na estatística acima.

Não seria menor o esforço desenvolvido na exploração do petróleo. Nesse setor foi valiosíssima a experiência de Geisel à frente da Petrobras e seu profundo conhecimento da realidade brasileira na área. Graças, sobretudo, ao incentivo dado à exploração de petróleo *off-shore* em águas profundas, de 1973 a 1986, nossa produção própria saltaria de 175 mil barris dia em 1973 para 593 mil barris, quando então já correspondia à metade do consumo nacional. Ainda mais importante, este sucesso não se interrompeu, e no ano de 2003, graças à reconhecida melhor tecnologia do mundo na exploração de petróleo em águas profundas da Petrobras, estamos em vias de finalmente alcançar a auto-suficiência no petróleo. Nossa atual produção é de aproximadamente 1,6 milhão de barris de petróleo para o consumo de 1,8 milhão, sendo perfeitamente plausível se alcançar a auto-suficiência antes mesmo da meta estabelecida para o ano 2005.

O maior tento alcançado pelo governo, todavia, seria outro que motivaria aplausos no mundo inteiro e ficou conhecido como *o maior projeto alternativo de energia do mundo*. Registre-se que até hoje não foi superado em proporção, sobretudo pela qualidade de seus resultados: o *Pró-Álcool*.

A trajetória desse programa se constitui numa verdadeira saga de uma plêiade de técnicos obstinados que a conduziu arrostando enormes cassandras do derrotismo de plantão, sejam internas, sejam de multinacionais do petróleo, sejam da indústria automobilística. No fim, o êxito só foi alcançado porque essa equipe tinha o manto protetor de um presidente forte, não apenas pelos poderes que um regime militar lhe proporcionava, mas por uma personalidade notável: além de não se dobrar às pressões, fazia questão de se inteirar dos detalhes do projeto e confiava no seu sucesso. E, sobretudo, tinha consciência do momento histórico que o país vivia e vislumbrava o papel de liderança que o Brasil ostentaria se conseguisse uma alternativa interna para o petróleo. Não conseguiu tudo que almejava, que era, além de viabilizar o Pró-Álcool, que substituiria a gasolina, implantar o Pró-Óleo, cuja pesquisa tanto incentivara e que, num salto mais ambicioso, substituiria o óleo combustível por óleo vegetal, de produção interna, o que representaria a plena independência do Brasil na área de petróleo. Lamentavelmente faltaria ao seu sucessor a mesma fibra, a mesma obstinação e o mesmo sentido de pátria. Mas a primeira parte do programa foi plena de êxito e mereceu aplausos de toda comunidade científica mundial. O país foi manchete em todos os órgãos da imprensa mundial por conta do Pró-Álcool, que seria o único projeto exitoso do mundo para fazer frente de modo competente à poderosa OPEP.

Basta se assinalar que, graças ao sucesso alcançado pelo Pró-Álcool, cerca de 98% dos carros brasileiros produzidos em 1986 andavam movidos a álcool, que, além de garantir desempenho semelhante ao da gasolina, é um combustível limpo, que não polui. Lamentavelmente, depois de haver alcançado esse sucesso sem similar no mundo, motivo de repetidos elogios do próprio presidente Carter, dos Estados Unidos, o programa foi desativado, estando restrito hoje à adição de 24% do álcool adicionado à gasolina dos automóveis que trafegam no país. Caso isso não tivesse ocorrido, e o núcleo de excelência mais avançado do planeta na área de energia alternativa não houvesse sido insanamente desestruturado, o Brasil de nossos dias estaria não apenas com seus carros movidos a álcool, como seus ônibus e caminhões abastecidos por óleo vegetal, ao invés de diesel, gerando milhões de empregos no campo. Como de outras vezes, desafortunadamente, faltou aos nossos dirigentes a visão de estratégia global para proporcionar ao nosso país um desenvolvimento auto-sustentável e, ainda melhor, com tecnologia autônoma e única dentre os países da terra.

Por estar inteiramente convencido do papel que desempenharão as energias alternativas no mundo e, principalmente, por haver me conscientizado de que o Brasil tem condições únicas no mundo para liderar esse processo – terra abundante a ser ocupada, tecnologia, água e, particularmente, sol, que é o grande e eterno reator para a fusão nuclear – tratarei esse assunto com maiores detalhes no capítulo VII.

Interligação do sistema energético

O Brasil, como já mencionado, é um país privilegiado no seu potencial para geração de energia a partir das suas fontes hídricas, já que possui uma imensa malha com centenas de rios perenes e caudalosos. Sendo um país continental, dispõe de uma condição singular, pois seus rios situam-se em regiões de diferentes climas e diferentes estações chuvosas. Assim, quando está chovendo em uma região, em outra se atravessa um regime seco, em outra parte chove pouco e assim por diante. Ora, é fácil compreender um velho sonho, acalentado pelos planejadores do nosso sistema hidrelétrico, da excelência que seria alcançada se houvesse a possibilidade de integrar esses vários sistemas hidrelétricos, que na década de 80 já era dos maiores do mundo, mas construídos de forma estanque.

Finalmente, em 1989, graças ao empenho do presidente José Sarney, a Eletrobrás inaugurou o Centro Nacional de Operações de Sistemas (CNOS), integrado aos centros de operações das principais empresas de energia elétrica do país. O CNOS é, no gênero, provavelmente o mais avançado do mundo, contando com tecnologia de ponta nas áreas de telecomunicações e informática, que permitem condições de controle automático das usinas mais importantes espalhadas em todo território nacional. Essa integração através do CNOS proporciona o intercâmbio de energia entre regiões que podem assumir o papel de exportadoras ou importadoras, dependendo do regime de chuvas ou estiagem. Trata-se de um instrumento do qual nenhum país do mundo dispõe com tantas alternativas de uso, devido à diversidade hidrológica das diferentes bacias e regiões desse país continental. Para que se avalie a vantagem do CNOS para o Brasil, basta se afirmar que, por conta da operação interligada, o país na prática aumentou sua capacidade energética em cerca de ¼ do que dispunha até então. Trata-se de uma conquista que é motivo de orgulho para a tecnologia brasileira e que veio confirmar uma performance admirada em todo mundo: o nível de excelência da engenharia hidroelétrica nacional.

A montagem do sistema hidrelétrico brasileiro, a partir da década de 40 até o último ano da década de 80, se constituiu numa verdadeira epopéia, com uma velocidade e uma grandiosidade no gênero sem similar no mundo. Justiça se faça: funcionou com uma eficácia jamais alcançada num período tão longo, em que a nação teve sucessivos presidentes de diferentes regimes, numa das fases mais tumultuadas da nossa história. Começando no apagar das luzes de uma longa ditadura civil, cruzou a fase de democracia presidencialista, um curto período de parlamentarismo, uma longa ditadura militar, culminando com o primeiro presidente da redemocratização, pós regime de 64. Admira mais saber que, num país que cultiva uma triste tradição de cada governante que assume abandonar ou pelo menos negligenciar o trabalho do antecessor, a implantação da nossa matriz energética seguia seu ritmo de modo incólume. Finalmente, em 1989, esse ciclo atingia seu ápice com o sonhado CNOS. O planejamento ao longo de quase meio século funcionou com uma eficácia à altura dos melhores relógios suíços.

Tudo parecia perfeito para o setor energético na entrada da nova década de 90. Tínhamos um sistema integrado magnificamente concebido e implantado, gerando a energia mais barata e menos poluente do mundo, éramos motivo de inveja dos demais países, e o Brasil era a meca para onde acorriam técnicos de todo o planeta a fim de aprender e copiar o regime de ponta implantado pela engenharia nacional.

Ironicamente, quando nosso sistema energético atingiu um tal grau de excelência, e nada parecia afetá-lo negativamente, iniciávamos a década de 90, em que a conquista de duas gerações quase foi inteiramente destroçada.

É a narrativa dessa página triste da nossa história que veremos a seguir.

CAPÍTULO IV

O Desmonte do Sistema Elétrico Brasileiro

Como visto, a montagem do sistema elétrico brasileiro, ao longo de apenas duas gerações, pela extensão, abrangência, integração e avanço tecnológico, foi um feito sem similar no mundo. Havíamos conseguido um tento que era motivo de admiração dos outros povos: um imenso complexo energético dotado, ao mesmo tempo, da energia mais barata e menos poluente do planeta. Não bastasse isso, monitorado por um processo tecnológico de última geração, que potencializava as condições ímpares de uma nação continental dotada de centenas de rios caudalosos, localizados em diferentes bacias hidrográficas de todas as regiões brasileiras, com regimes de chuvas diferenciados e que se integravam, tais como vasos comunicantes, através de extensas linhas de transmissão. Por intermédio desse artifício engenhoso, era inteiramente superada a única deficiência das hidroelétricas: diminuir sua capacidade de geração nas estações secas. Por se tratar de um complexo integrado, nessas ocasiões as turbinas das hidroelétricas localizadas em regiões onde se chovia pouco ou nada eram poupadas e se transferia energia para elas através das potentes linhas de transmissão de hidroelétricas às vezes distantes milhares de quilômetros, onde as chuvas eram abundantes na ocasião e, portanto, se permitia que suas turbinas gerassem à carga máxima. Outra característica marcante que viria a reforçar a operação das nossas hidroelétricas é que nosso sistema, concebido a partir da década de 50, nasceu justamente quando ocorreu uma das maiores secas que já se abateu sobre o Brasil, no período 1951/56. Daí uma precaução a mais dos nossos engenheiros: a construção de grandes lagos anexos às nossas usinas energéticas. Esses lagos davam condições para as hidroelétricas resistirem a, aproximadamente, cinco anos de poucas chuvas.

Por outro lado, existia uma espécie de cronômetro a indicar o grau de risco de déficit energético do sistema planejado, com um grau de confiabilidade de 95%. Isto é, havia um risco mínimo de haver necessidade de racionamento de 5%, índice altamente confortável, segundo as normas técnicas internacionalmente aceitas. Acima deste índice soava o alarme indicando a necessidade de construção de nova hidroelétrica.

Todo o sistema funcionava com perfeição até o começo da década de 90, tendo sido implantado com um rigor de prazos até então *sui generis* em qualquer empreendimento público nacional. No entanto, embora sem aparente prejuízo técnico e de cumprimento no cronograma de execução, a partir dos últimos anos da década de 70 ocorreriam dois fatos que viriam ferir de morte a viabilidade das estatais energéticas: a inflação galopante e o endividamento externo do país, que se seguiram à crise do petróleo, capitaneada pela OPEP com o sorrateiro apoio das chamadas "sete irmãs", uma espécie de máfia integrada pelas maiores multinacionais petrolíferas. Por sinal, é bom que se reitere, a história demonstraria que seriam elas, e não os países árabes – como os ingênuos ainda hoje crêem – as grandes beneficiárias da crise.

A pergunta é: o que têm as empresas da Eletrobrás com a inflação e a dívida externa do Brasil? Teoricamente nada, já que o endividamento das empresas do sistema era muito baixo e a correção das tarifas em função da inflação, até então sob controle, lhes permitia uma condição financeira saudável. Na prática, entretanto, as estatais energéticas haveriam de ficar no cerne do olho do furacão, soprado pelos dois demônios que viriam infernizar a vida de todos os brasileiros nas décadas seguintes.

Explica-se. Quando a inflação tornou-se gradativamente crescente, os formuladores da área econômica resolveram camuflar os índices inflacionários, contendo as tarifas das empresas energéticas. Por outro lado, os mesmos mágicos da economia – sempre eles! – tiraram mais um coelho da sua cartola sempre cheia de truques: passaram a tomar empréstimos, cujos recursos seriam destinados a outras finalidades, dando em garantia nosso parque energético. Resumo da ópera: as estatais do setor foram duplamente oneradas: pela incapacidade de corrigir as tarifas, ficando paulatinamente deficitárias, e pelo peso de uma dívida que elas não tinham contraído. Daí porque não poderia haver mágica que pudesse impedir sua inviabilidade econômico-financeira.

Por fim, durante o governo Itamar Franco foi realizado um excelente trabalho, concebido pelo ministro Eliseu Resende, pelo qual foram anuladas essas chamadas dívidas cruzadas, intra-setoriais, voltando as estatais energéticas a recuperarem sua saúde financeira. A partir desse momento os olhos tecnocratas da área econômica se encheram de brilho e viram um alvo ideal para sua obsessão de privatizar toda e qualquer empresa estatal, sem analisar o seu papel estratégico no complexo jogo geopolítico de poder entre as nações. A eles interessava unicamente que se tratava de um ativo supervalioso, amplamente ambicionado pelos países do Primeiro Mundo, fonte indispensável de recursos imensos.

Fugindo um pouco da específica questão energética, mas dentro de um contexto de alta relevância para a nação brasileira, por atingir todos os setores da vida nacional, vale a pena fazer aqui um pequeno parênteses sobre um fato ocorrido na época que, se efetivado como brilhantemente fora concebido, poderia ter mudado a vida econômica do país de modo definitivo. E certamente os brasileiros estariam agora numa situação bem melhor e não teria havido essa loucura que nos levou a esse inopinado racionamento, com graves riscos de um amplo apagão.

Durante o governo Itamar Franco eu desempenhava pela segunda vez o cargo de governador de Sergipe e, como tal, mantinha imprescindíveis contatos oficiais com o Ministério da Fazenda. Mais do que isso, pelo fato de ser o ministro Eliseu Resende meu colega engenheiro e personagem a quem de há muito admirava, mantinha com ele um convívio mais próximo. Certa vez, em uma de nossas conversas, ele me transmitiu um plano, baseado em cifras incontestáveis, que me deixou fascinado pela sua exeqüibilidade e maravilhado, por antever suas fantásticas conseqüências para o Brasil. É provável que não tenhamos condições semelhantes nas próximas gerações...

Naquela ocasião, a dívida interna brasileira era inteiramente administrável e nem de longe havia atingindo o nível absurdo a que seria alçada, graças à ensandecida política monetarista implementada durante as duas gestões do presidente Fernando Henrique Cardoso. Para ser exato, ela se situava num valor médio de apenas R$ 60 bi, abaixo de dez vezes menos do que os inadministráveis R$ 633 bi de dezembro de 2002.

Em resumo, o ministro Eliseu Resende, valendo-se do seu raciocínio cartesiano, competente engenheiro que é, fez uma conta simples: como as estatais eram avaliadas em mais de R$ 150 bi, vendendo-se 40% delas daria para zerar nossa dívida interna! Ou seja, o Brasil ficaria com uma situação única dentre as nações modernas do planeta, com situação privilegiada para o controle inflacionário e em condições excepcionais para planejar um desenvolvimento auto-sustentável. A título de ilustração, vale a pena examinar as conseqüências funestas promovidas pela nossa dívida interna que já corresponde a 55,90% do nosso PIB.

No ano de 1999, enquanto os orçamentos da educação e da saúde atingiam um montante de R$ 50,06 bilhões, só os juros da dívida interna alcançaram a soma de R$ 84,4 bilhões. A administração da nossa dívida externa, que chegou em dezembro de 2002 a US$ 232bi, é complexa, mas seu equacionamento é relativamente mais fácil, já que no seu total está incluído o débito de responsabilidade privada que já supera o débito público. Com efeito, o nosso calcanhar-de-Aquiles é, de fato, a dívida interna.

Visto isso, a questão que se coloca é por que o ministro Eliseu Resende não cumpriu o seu intento, que traria tamanhos benefícios à nação. Eu creio que seu equívoco foi o excesso de boa-fé, ao expor seu plano previamente à Febraban, órgão representativo dos bancos. Ora, os bancos brasileiros desfrutam de uma situação singular no planeta: sua principal fonte de receita não provém dos empréstimos, como seus similares no mundo, mas pura e simplesmente do financiamento da rolagem da dívida interna oficial, sem correr o mínimo risco de inadimplência nem a necessidade de disputar clientes. Tanto isso é verdade que são os mais rentáveis do mundo, emprestando um mínimo dos seus ativos financeiros. Enquanto a média das bancos dos países desenvolvidos emprestam acima de 80% do PIB nacional – sendo que os Tigres Asiáticos atingem 115% do PIB – os bancos brasileiros se limitam a emprestar apenas 26% do PIB, cobrando, em contrapartida, os mais elevados juros da terra. O resto do seu capital eles comodamente destinam ao seu tomador cativo, que é o tesouro nacional, a um custo sem similar no sistema bancário internacional, graças à generosidade da taxa SELIC estabelecida pelo Banco Central. Daí porque, a partir do momento em que o ministro incautamente expôs seu plano, eles perceberam que iria ser morta sua galinha de ovos de ouro e toda uma teia de pressões foi armada, resultando na demissão de Eliseu Resende. Dessa forma, a dívida interna não foi paga e os ministros tucanos que o sucederam na Fazenda fizeram o "milagre" de vender quase todas nossas estatais e multiplicar por dez nossa dívida interna.

Simples assim.

Voltemos, contudo, à análise da questão energética.

A raiz das causas que geraram a crise de um setor modelar da economia brasileira, que nos proporcionava uma condição privilegiada de competitividade numa área nevrálgica, foi a mais absoluta ignorância sobre a importância da energia no mundo. Por um lado, preponderou a arrogância insana de uma visão monetarista que estabelece como prioridade total e única as questões monetária, financeira e contábil. Por outro lado, ignorou-se um princípio que é básico para qualquer país industrial: a imprescindibilidade de um sistema energético eficiente.

O renomado economista Carlos Lessa*, então reitor da Universidade Federal do Rio de Janeiro, sintetizou com extrema clareza essa questão em entrevista concedida à revista do CREA, do Rio de Janeiro: "Se o governo observasse o mundo com realismo, perceberia a *essencialidade geopolítica da energia*. A atuação do império norte-americano – afirma – é visível a partir da energia: consumindo 29% da energia do mundo, com 4% da população global, hoje os Estados Unidos têm pequenas reservas de petróleo e atendem com produção própria a apenas 50% do seu consumo. O presidente Bush, recentemente, proclamou o direito de o seu povo preservar o padrão de consumo de energia e recusou-se a respeitar a Convenção de Kyoto, que imporia limites ao modo de vida norte-americano."

Adiante o professor lembra um assunto da maior importância para o Brasil, que diz respeito à ambição dos países do Primeiro Mundo ao se manifestarem em prol da internacionalização da Amazônia – cujos tentáculos eu conheci de perto quando desempenhei a função de ministro do Interior, a quem se subordinava a questão ambiental, tentáculos hoje mais preocupantes porque a Amazônia está sendo considerada atualmente como uma das soluções para as crises mundiais de água e energia: "A operação Colômbia, desencadeada pelos Estados Unidos, é estratégica para hegemonizar a sua presença na Amazônia, que dispõe de excelentes alternativas de suprimento de energia. A fronteira geopolítica da macropotência imperial é oculta pela névoa do discurso liberal, que veicula sem fronteira".

Apenas corroborando essa última preocupação, registre-se que não é à-toa que hoje os Estados Unidos na prática ocupam militarmente o Oriente Médio, onde se situa o epicentro petrolífero do mundo e, por igual, tem todo o petróleo mexicano penhorado por dívidas contraídas na última crise do México, face à "ajuda" concedida ao país por Clinton, na ocasião da grave crise vivida pela nação mexicana, há poucos anos.

* Atual presidente do BNDES.

O COMEÇO DO DESMONTE

Na prática o desmonte do setor energético começou com a contratação da empresa inglesa Coopers & Lybrand, em 1995. Esse seria um marco simbólico da sucessão de gravíssimos erros que o governo FHC cometeria ao longo dos últimos anos, convergindo para o impasse do racionamento. A empresa contratada era especializada no sistema energético inglês, que é todo ele baseado em termoelétricas e, como os fatos viriam a demonstrar, nada entendia de hidroelétricas. A insensatez do país que detinha a melhor tecnologia do mundo em hidroenergia, contratar uma firma especializada em termoelétricas para apresentar um plano de remodelagem do seu setor energético, equivale a se os EUA contratassem uma empresa boliviana para fazer um diagnóstico de sua área de biogenética...

Dessa contratação resultou um relatório discriminando um modelo de tamanha senilidade que, se fosse implementado, implicaria uma diminuição imediata de 25% da nossa potência energética, já que seus autores "se esqueceram" de considerar o sistema integrado, construído a tanto custo pela avançada engenharia brasileira. A sorte é que os engenheiros brasileiros interviram a tempo de impedir a aplicação dessa monstruosidade. Dessa intervenção resultaria a criação de uma empresa privada, denominada Operador Nacional do Sistema (ONS), que ficaria encarregada de controlar toda a geração, independentemente de serem usinas privadas ou estatais. Ele é que estabelece quanta energia cada usina fornecerá ao sistema integrado a cada instante. Há de se reconhecer que, sem sua existência, no meio do "imbróglio" do desmonte do setor, seria impossível manter a grande vantagem obtida com a integração da rede elétrica.

Dessa tal reforma nasceu o verdadeiro plano Frankestein, que iria inviabilizar, na prática, o sistema energético brasileiro pela balbúrdia administrativa que causaria, concomitante à privatização desastrosa de um setor ultrasensível e essencial ao funcionamento da economia nacional, que seria considerado a partir daí, pela área econômica, como uma simples mercadoria a ser comercializada. Ou, voltando à expressão de Armínio Fraga, não mais do que um *chuchu*...

O desmonte do setor energético começaria pelo esquartejamento do sistema, que passaria a ser fracionado em partes estanques: geração, transmissão, distribuição e uma parte nova chamada comercialização. Para começar, além de não haver lógica técnica, a propositura contrariava os mais comezinhos princípios da administração moderna que, ao contrário, na maioria dos países tende à concentração do sistema energético, pelas facilidades gerenciais e redução de custos.

Mas, claro, esse esquartejamento facilitava a venda e isso é o que interessava aos senhores da economia... Naturalmente eles se inspiravam naqueles implacáveis "caçadores de empresas" tão conhecidos (e renegados) nos EUA que, através de mecanismos sorrateiros de bolsa, adquirem o domínio de grandes conglomerados através de uma *tomada hostil de controle*, com a finalidade exclusiva de esquartejá-los e vender suas partes, sem outras preocupações que não a de ganhar dinheiro. Como os nossos tecnocratas da área econômica são bem familiarizados com esse verdadeiro cassino em que foram transformadas as finanças mundiais com sua integração nesse mundo globalizado, eles não hesitaram em se valer de artifício semelhante para nosso sistema energético.

Além disso, dentro dos princípios pregados pelo FMI (vide Stiglitz), dividiram o controle do sistema energético por agências, que isoladamente tinham muito mais força do que o próprio Ministério de Minas e Energia, do qual, aliás, eram independentes. Na prática, se minimizou o poder do próprio ministro de Minas e Energia, reduzindo-o a uma espécie de rainha da Inglaterra. Apenas como ilustração, registre-se que, enquanto o ministro era demissível *ad nutum*, os titulares das agências tinham mandato fixo, concedido pelo Congresso. Ou seja, bem dentro do figurino do FMI, essas agências reguladoras foram criadas com o objetivo prático de principalmente proteger os investidores, mantendo um ambiente favorável para eles, garantindo bons preços das tarifas além de outras facilidades, a fim de assegurar a rentabilidade dos investimentos. Esse era seu papel precípuo.

O professor Luiz Pinguelli Rosa, então diretor da Coppe e um dos maiores especialistas de energia do Brasil, resumiu com precisão a visão que preponderou na formulação das agências reguladoras: "A idéia defendida pelo FMI e o Banco Mundial é de que o mundo da economia fugiu à soberania dos países. A soberania passa a ser internacional como poder paralelo ao estado. Essas agências seriam necessariamente órgãos mais fracos e, portanto, mais fáceis de se discutir. No auge elas seriam uma espécie de árbitros entre os interesses brasileiros e os investidores estrangeiros".

Dentro desse figurino, foram criados para o setor elétrico os seguintes instrumentos:

I – ANEEL

É a sigla da Agência Nacional de Energia Elétrica. É uma autarquia, criada em 1997, vinculada ao Ministério das Minas e Energia cuja finalidade é regular e fiscalizar a produção, transmissão, distribuição e comercialização de energia elétrica no país. Persegue como metas a qualidade dos serviços prestados, a universalidade do atendimento ao consumidor e o estabelecimento das tarifas, compatibilizando os interesses dos agentes e da indústria.

II – ONS

É o Operador Nacional do Sistema, órgão criado em 1988 com a finalidade de operar o Sistema Integrado Nacional (SIN) e administrar a rede básica de energia no Brasil. O órgão supervisiona e controla a geração e transmissão de energia elétrica com vistas à otimização dos custos e garantia da confiabilidade do sistema. Tem ainda a função de ser responsável pela administração operacional e financeira dos serviços de transmissão e, ainda, pelas condições de acesso à rede.

III – MAE

O MAE – Mercado Atacadista de Energia Elétrica – é uma associação civil de direito privado, sem fins lucrativos, criado em 2002. Tem por objetivo viabilizar operações de compra e venda de energia elétrica nos sistemas interligados Sul/Sudeste/Centro-Oeste e Norte/Nordeste, segundo regras e procedimentos de mercado regulamentados pela ANEEL, especialmente no mercado atacadista de energia elétrica, onde se negociam a energia não contratada bilateralmente e as eventuais sobras de contratos bilaterais, agora sob a denominação de mercado de curto prazo. O MAE é responsável por todas as atividades requeridas à administração do mercado, inclusive financeiras, contábeis e operacionais, sob a fiscalização da ANEEL. Não compra e nem vende energia, apenas viabilizando a compra e a venda de energia entre os agentes de mercado.

Seriam esses os órgãos que, a partir da sua implantação, dariam a palavra final no sistema elétrico brasileiro, transformando em apenas simbólico o papel do Ministério de Minas e Energia. Esse *status* privilegiado e ilógico tem proporcionado uma inaceitável penalização do consumidor brasileiro sistematicamente surpreendido com aumentos tarifários bem acima da inflação e, claro, bem superiores aos índices de correção salarial. Por outro lado, percebe-se de forma insofismável seu efeito autogerador de inflação, sem dúvida o mais deletério do atual quadro econômico nacional, comprometendo de modo incontrolável a própria política de contenção inflacionária do governo brasileiro. Sinal positivo de que mudanças indispensáveis virão foi a contrariedade exposta pelo próprio presidente Lula, em reunião com os líderes partidários em fins de fevereiro de 2003, quando manifestou seu inconformismo à constatação de que "terceirizaram o poder político no Brasil". Acrescentaria que o governo não poderia ser "o último a saber" dos aumentos de derivados de petróleo, das tarifas de energia e telefônicas, decididos no âmbito das agências reguladoras, expressando claramente sua intenção de rever o papel dessas agências e da relação delas com os ministérios.

SETE ANOS DE INSENSATEZ

Já em 1995, dando seqüência prática à obsessão privatizante do governo, menosprezando de imediato o papel das estatais energéticas, desprezando seu *know-how* acumulado ao longo de cinco décadas de brilhante trabalho, resolveu-se alijar de vez sua importância. Uma transformação radical num sistema elétrico extremamente complexo e sofisticado exigiria, ainda que o objetivo fosse sua total privatização, caso prevalecesse um mínimo de bom senso no governo, uma fase intermediária, na qual haveria o simultâneo funcionamento das estatais e do novo sistema privado que gradativamente iria assumindo o controle do sistema completo. Mas isso não satisfaria a área econômica, que estava ávida por receber os dólares dos investidores estrangeiros o mais rápido possível. Era preciso dar uma demonstração inequívoca para o mercado da determinação de privatizar o setor elétrico nacional, daí porque, em 12/04/95, por decreto do presidente, foram cassadas as concessões de 33 aproveitamentos hidroelétricos das estatais energéticas outorgadas para a construção de usinas, no montante de 17.582 MW.

Esse foi um ato totalmente insano, que só poderia ser assumido por quem não entendesse nada de energia, porquanto muitas dessas concessões estavam prestes a ter suas obras licitadas, dispondo as estatais de recursos próprios para empreendê-las. Sem contar que esses projetos demandam anos seguidos de estudos, envolvendo viabilidade, anteprojetos, até se chegar ao projeto definitivo. Apenas Furnas tinha 3.170 MW nessas condições, que foram liminarmente cassados, com a perda de anos de trabalho. Entretanto, era preciso correr, porquanto os empresários estrangeiros, segundo os doutos senhores da área econômica – que, ratifico, entendem mesmo é de *hedge*, derivativos, mercados futuros, rolagens, empréstimos-ponte, porém ignoram tudo sobre energia e seu sentido estratégico para o país – estavam com as burras cheias de dólares para investir no setor elétrico nacional. Mais importante do que isso: esses dólares viriam equilibrar o nosso *déficit* primário. Tudo o resto eram detalhes supérfluos e *lobby* inútil dos inconformados tecnocratas do setor energético...

Mas, afinal, qual era o discurso oficial do governo para justificar tamanho despautério de destruir um setor que funcionava tão bem, que era motivo de justo orgulho dos brasileiros, fator de excelência para atrair indústrias, além de motivo de admiração de todos os especialistas do mundo? Ah, o discurso era bonito e atraente. Três argumentos fundamentais eram repetidos pelo governo FHC para justificar a privatização do setor elétrico brasileiro: a adoção de tarifas mais baratas; a realização de grandes investimentos que nos tornariam ainda mais abundantes em energia; e a melhoria na qualidade do serviço energético.

Hoje temos condições de julgar o que de fato ocorreu e verificar que era tudo uma farsa.

As tarifas aumentaram, a ponto de nos levar à triste condição de ter uma das mais caras do mundo, acima, por exemplo, da praticada na maioria das cidades norte-americanas. Mais grave: as distribuidoras não estão ainda satisfeitas e já lhes estão prometidos novos aumentos, sem contar que a partir de 2003 os preços serão liberados. Os investimentos privados em novas hidroelétricas foram insignificantes e o serviço de energia piorou, a ponto de ter havido racionamento e ameaça de apagão.

Convém analisar, até como efeito didático, os erros que se acumularam ao longo de sete anos de insensatez e num setor nevrálgico, por conta do que a nação brasileira pagou um elevado ônus e o mais grave: suas seqüelas futuras promoverão uma queda permanente na competitividade do parque industrial brasileiro.

Antes de nos adiantarmos numa tentativa de síntese seqüenciada dos fatos mais importantes que ocorreram após o ano de 1995, que culminariam com o racionamento, vale a pena alguns comentários. Primeiro, é que pela primeira vez no mundo capitalista era tentada uma tarefa dessa dimensão: levar rapidamente todo um sistema elétrico estruturado sob o controle direto estatal para a área privada. Segundo, compete assinalar que a maioria das nações modernas do mundo mantém o setor energético sob controle estatal. Assim, por exemplo, ocorre na maioria dos países da União Européia. Essa constatação é mais evidente quando se trata de hidroelétricas. Como aqui já registrado, até mesmo a catedral do capitalismo mundial, os EUA, mantém suas hidroelétricas sob controle estatal, em que pese serem suas termoelétricas privadas.

Outro aspecto que merece registro é que a motivação que inspirou nossa área econômica a privatizar o setor energético do país não obedeceu a critérios estratégicos ou geopolíticos, nem muito menos de racionalidade técnica ou administrativa. Sua inspiração foi exclusivamente imediatista, de caráter único contábil-financeiro. De um lado impedia nossas estatais de investir em novas usinas ou em vitais linhas de transmissão, mesmo quando dispunham de dinheiro em caixa: seus lucros tinham que ser canalizados para o tesouro nacional para colaborarem com o superávit primário, atendendo às sacrossantas metas contábeis pactuadas com o FMI. Por outro lado, deveriam ser vendidas o mais rápido possível, para possibilitar a entrada dos dólares dos investidores.

Tudo isso operado sob a égide insensata da *infalibilidade do mercado* para resolver todas as questões práticas da economia, eis que ele seria capaz de se autocorrigir quando falhas ocasionais ocorressem.

Vendo essa paranóia privatizante – já que a área econômica se recusava a perceber o mundo real (onde o Brasil de fato produz no dia-a-dia), usando antolhos para um mundo imaginário – os analistas econômicos e cientistas do setor perceberam que nós nos encaminhávamos na direção de um desabastecimento energético e reiteradamente alertaram o governo e a nação do risco iminente.

Por que todo esse risco ficou evidente? Primeiro, porque, insensatamente, o governo, ávido por dólares, colocou à venda imediata as "bilheterias" do sistema: nossas distribuidoras. Ou seja, o *filet mignon* do setor. Por outro lado, começava a selecionar sistemas hidroelétricos para simplesmente vendê-los. Ora, o risco estava à vista de qualquer bom observador que igualmente não estivesse usando antolhos, considerando o óbvio: nenhuma dessas ações governamentais implicava novas usinas nem linhas de transmissão.

Por um lado, as estatais energéticas continuavam proibidas de investir em novas usinas e novas linhas de transmissão. Por sua vez, o setor privado se recusava a investir em novas hidroelétricas. A bem da verdade, colocando-se sob o prisma dos investidores, era lógico que eles não iriam investir em novas usinas. Por quê? Pelo fato de que estava sendo colocada à venda ao "custo de banana" a fina flor de um sistema tão claramente construído por gerações de brasileiros. Ocorre que, agindo assim, *ao tempo em que o Brasil ia ficando sem seu valioso patrimônio econômico e estratégico, não se iam acrescentando novas usinas para gerar energia nova.*

Era evidente o risco de desabastecimento a médio prazo. Como aqui já comentado, o sistema energético brasileiro é planejado com um risco mínimo de 5% de falhar, índice aceito como seguro pelas mais rígidas normas técnicas mundiais do setor. À medida, todavia, que nosso sistema era privatizado e desnacionalizado – e nossos tecnocratas da área econômica festejavam alegremente a entrada de dólares dos investidores e, por outro lado, a canalização dos lucros das estatais para o tesouro nacional, proibidas que estavam de fazer novos e essenciais investimentos – esse índice foi num crescendo, até ultrapassar em 20% o risco de racionamento e até de apagões.

Justiça se faça: isso não ocorreu sem avisos. Cientistas e analistas responsáveis advertiram de várias formas o governo, inclusive alguns enviando relatórios circunstanciados, contendo gráficos e curvas ameaçadoras ao próprio presidente, conforme já relatamos. Em resumo, diziam que se era objetivo inarredável privatizar o sistema elétrico nacional, que os investimentos externos fossem canalizados para novas usinas e linhas de transmissão, e não para nossas distribuidoras e antigas usinas. Mais ainda: que no período intermediário as estatais energéticas continuassem a investir em áreas essenciais do setor. Foram embalde as advertências, e prevaleceu uma mistura perversa de empáfia econômica dos apologistas do imediatismo monetarista e plena ignorância de incautos que estavam à frente dos destinos nacionais.

Vale a pena mergulhar nos meandros dessa privatização atabalhoada e perceber as óbvias razões que levaram os investidores estrangeiros a se recusarem a investir em novas gerações, até porque são especialistas em se aperceberem da ansiedade de países do Terceiro Mundo em receber seus dólares a qualquer preço, sobretudo quando desprovidos de um projeto de desenvolvimento nacional e até mesmo de uma simples política industrial.

Analisemos de forma sintética a privatização de duas empresas que servirão de paradigmas a ilustrar o *modus faciendi* que prevaleceu na privatização do sistema: a ELETROSUL e a CEMIG.

A ELETROSUL, depois transformada em Gerasul, seria a primeira empresa federal de geração a ser desverticalizada – denominação dada ao senil processo de separação em quatro partes distintas, seguindo caminho inverso daqueles perseguidos pelas empresas do setor no mundo – e privatizada. O processo de preparação para a privatização seguiu uma ritualística que seria padrão para as demais empresas estatais. Seria contratada uma empresa de consultoria para proceder a um processo de avaliação do seu preço em valores atuais de mercado, ou seja, seu Valor Presente Líquido – VPL. Para encontrar um preço que fosse julgado "factível" pelos investidores, eram sempre utilizados cálculos esotéricos de desvalorização contábil, todos com um único objetivo: brusca redução do seu valor de venda a níveis extremamente atraentes para os disputados investidores externos se sentirem tentados a internalizarem seus preciosos dólares, comprando nossas estatais na bacia das almas. Nesses cálculos, por exemplo, utilizavam um conceito de "fluxo de caixa descontado", em que introduziam juros generosos embutidos nas taxas de descontos e um conceito aleatório de custo do "risco Brasil", na formulação de uma teoria aparentemente lógica que "justificasse" matematicamente o preço subavaliado, que era por fim encontrado como preço mínimo para balizar o leilão de privatização. No caso da Gerasul, que não diferiria muito dos tais processos de avaliação para as estatais que a seguiriam na canibalização do nosso setor elétrico, especialistas da conceituadíssima COPPE/UFRJ, que fizeram uma avaliação paralela, consideraram o "preço mínimo" encontrado pelos consultores, de US$ 760 milhões, escandalosamente subavaliado.

Não é preciso ser um refinado especialista para perceber o absurdo da venda em um *leilão sem concorrentes* ao grupo belga Tractebel. O valor total de carga instalada pela Gerasul, em uma das regiões mais dinâmicas da economia brasileira, além de estrategicamente localizada ante o Mercosul, era de:

Usinas Hidroelétricas – 5.310.000K.W.

Usinas Termoelétricas – 880.000K.W.

Considerando, por exemplo, para efeito de análise, apenas o potencial hidroelétrico e levando-se em conta um custo conservador de US$ 1.400 por K.W. para sua construção, chega-se à conclusão de que o valor de reposição pura e simples do parque hidroelétrico seria de US$ 7,43 bi. Ou seja, os nossos felizardos belgas, alegremente ajudados pelos nossos tecnocratas, adquiriram toda a Gerasul por aproximadamente 10% do valor de reposição do seu parque hidroelétrico, mesmo admitindo-se que suas linhas de transmissão e suas usinas termoelétricas foram dadas a título de *gratificação adicional*...

Apenas para se dar conta do absurdo da transação, é como se a Usina Xingó, a pérola da coroa da Chesf com 3.000.000 K.W. de potência instalada, fosse vendida por tão somente US$ 380 milhões! Ou seja, não podemos dizer que foi um autêntico "negócio da China", porque nem mesmo os arrogantes ingleses, no esplendor do seu império, no período em que dominavam grande parte da China, conseguiram dos seus mandarins negócios melhores do que esse...

Acrescente-se, *last but not least*, que, como seria rotina na maioria de nosso processo de privatização, nossos queridos belgas não precisaram aportar todos os seus preciosos dólares, porquanto o nosso BNDES (país rico tem dessas coisas...) cuidou de emprestar parte considerável do valor da compra, usando ironicamente para tanto os recursos do FAT, patrimônio dos trabalhadores. Dinheiro, aliás, que na mesma época o BNDES estava proibido de emprestar às nossas estatais energéticas para investirem em novas hidroelétricas para gerarem – aí sim! – a nova energia de que o Brasil precisava. E não para financiar ricas multinacionais que vinham para o Brasil, não, como seria desejável, para aumentar e modernizar o nosso parque industrial, dando-lhe condições para exportar mais e melhor, mas puramente para comprarem nosso sistema hidroelétrico a preço de banana. Por fatos como esse é que a própria SOBEET advertiu que 76,9% do IDE – Investimento Direto Externo no período 1996/2001 foram destinados à infra-estrutura e serviços e a parcela que se dirigiu à indústria, que se limitou a tão somente 20,5%, priorizou o mercado doméstico, com fraco componente exportador. Ou seja, parte expressiva do grande volume do capital estrangeiro que tem entrada no Brasil, no período do Plano Real, não tem servido para aumentar nossa capacidade exportadora, mas, sim, para onerar, já em futuro próximo, nossa sacrificada balança de pagamentos com o conseqüente envio de dividendos para suas matrizes. A médio e longo prazos as conseqüências serão amargas, promovendo desemprego, desmonte da cadeia produtiva, importação de serviços, gastos crescentes com consultorias externas, etc. Tudo isso porque não houve uma seletividade na entrada do capital externo, já que a preocupação era tão somente a geração do superávit primário a qualquer custo. Esse aspecto aqui destacado na desnacionalização do nosso setor energético é apenas a ponta do iceberg do que ocorreu na privatização em geral das estatais brasileiras.

CEMIG

A privatização da CEMIG (Cia. Energética de Minas Gerais) também foi eivada de irregularidades, que viriam a alcançar grandes repercussões na imprensa nacional e intricados desdobramentos jurídicos. A estatal energética teve 33% das suas ações ordinárias adquiridas em um polêmico leilão pela norte-americana Southern Eletric, à qual se associou de forma nebulosa a AES, empresa que houvera sido pré-qualificada na licitação, acusada na CPI da Assembléia Legislativa de Minas Gerais da prática de cartelização, juntamente com a empresa vencedora. O que ficou incontestavelmente demonstrado é que a compra e as condições acatadas foram de uma "generosidade" só praticadas nas privatizações das nossas estatais. As ações foram adquiridas por R$ 1,13bi, preço mínimo do leilão, sem a necessidade de os *gentlemen* compradores aportarem nem mesmo um *cent* dos seus preciosos dólares. Os sortudos compradores tiveram metade do valor da compra financiada pelo BNDES, com juros de 3,5% ao ano; a outra metade foi paga com uma nota promissória com vencimento em um ano, sem juros ou qualquer tipo de acréscimo. Enfim, negócio de pai para filho...

Mais surpreendentes ainda foram as condições. Em que pese terem adquirido apenas um terço das ações ordinárias, os bravos empresários tiveram o direito de assumir todo o comando gerencial da companhia. Ato contínuo tomaram duas providências: interromperam todo investimento em geração, transmissão ou de qualquer gênero, e, finalmente, demonstrando a que vieram, nos dois anos seguintes distribuíram 100% de seu lucro. Desse modo, além de quitar o saldo do leilão, enviaram a bagatela de US$ 81 milhões da CEMIG para seus felizes acionistas no exterior.

Com tanta generosidade não surpreende que o novo governador Itamar Franco tivesse interrompido a farra e retomado o controle. Registre-se que por conta disso o mundo ameaçou cair em cima do ex-presidente, acusado de toda sorte de truculência pelo Sr. Armínio Fraga a partir de Nova York, tendo o displante de, numa atitude desrespeitosa ao povo mineiro, *recomendar aos investidores estrangeiros a não mais investirem em Minas Gerais*. Foi iniciada uma dura luta jurídica pelo controle da empresa, que ainda não foi concluída. O fato é que, com a retomada do controle gerencial, a CEMIG voltou a investir em novas hidroelétricas, num admirável trabalho de parceria com empresários privados, do qual a estatal participa de forma minoritária, mas aportando o *know-how* de uma das estatais energéticas pioneiras do Brasil, inaugurada na gestão do governador Juscelino Kubitschek há 50 anos, período em que foi uma das empresas que mais realizaram usinas geradoras e linhas de transmissão. Com efeito, na gestão Itamar Franco, o programa de expansão de geração contemplou a construção de sete hidroelétricas, uma PCH – Pequena Central Hidroelétrica e uma Termoelétrica na modalidade de co-geração, totalizando 1573 MW, dos quais 1072 MW em parceria com a iniciativa privada. Deste programa, duas usinas estão concluídas e as demais entrarão em operação entre 2003 e 2005. Acresça-se ainda que foram recuperadas e recolocadas em operação cinco PCH e iniciada a restauração de uma sexta, além da solicitação à ANEEL de autorização para a construção de duas outras PCH, numa atitude exemplar, que deveria estar sendo seguida pelas demais estatais energéticas brasileiras, não fora a visão estereotipada que prevaleceu na área econômica do governo FHC. Ressalte-se ainda que em fase adiantada de estudos se encontram na Fundação Estadual de Meio Ambiente projetos de novas usinas num total de mais 4.336,69 MW, que certamente serão viabilizados pelo governador Aécio Neves.

CONCESSÕES ABSURDAS

Outro grave erro no processo de privatização – além de iniciá-lo pelas distribuidoras, o que nada acrescentava ao setor em termos de novas usinas geradoras ou essenciais linhas de transmissão – foi começá-lo antes mesmo de que fosse criada a agência reguladora do sistema, a ANEEL, o que só ocorreria em 1997. Nada mais indicativo de que o principal interesse da privatização do setor energético não era a suposta racionalização do setor, mas a entrada de dólares para garantir a cobertura do déficit primário, conforme acordado com o FMI. Face a isso as primeiras privatizações das distribuidoras, em 1995 (quando a ANEEL começou realmente a operar, 47%

delas já estavam privatizadas), ocorreram num mercado selvagem, sem regras. Tal como gostam os especuladores.

Nesse período, quando se deu quase metade das privatizações, foram feitas concessões absurdas, como o direito de indexação anual em IGPM (o melhor índice para os investidores), privilégio inadmissível em uma economia desindexada. A conseqüência desse privilégio é a correção das tarifas acima da inflação oficial. Para que se tenha idéia desse privilégio, segundo projeções do Banco Central em ata da reunião do COPOM de 18 de dezembro de 2002, as tarifas de energia para o ano de 2003 deverão ficar 30,3% mais caras, numa insensata ação realimentadora dos índices inflacionários em geral. Vale comparar essa absurda previsão da correção das tarifas energéticas com as projeções de inflação para 2003: no máximo 12%.

Negócio de país rico e perdulário...

Muito oportuno, a propósito, reproduzir a frase do governador do Amazonas a respeito, que retrata bem o inconformismo que se alastra por toda a sociedade brasileira: "Lula tem de ter coragem para enfrentar agora as agências reguladoras, se quiser ter controle sobre a política econômica. Não adianta nada aumentar a taxa de juros. A inflação hoje é provocada pelos reajustes das tarifas públicas."

Por oportuno, vale a pena comentar a privatização da Light, por conta de algumas especificidades curiosas. É interessante a ironia de ela ter sido nacionalizada através de um processo polêmico, já que comprada a preço de ouro quando estava às vésperas de ter sua concessão extinta e, portanto, necessariamente seu patrimônio retornaria sem ônus ao poder do Estado. Agora ela seria recomprada a preço de banana, dentro da premissa de que empresas estatais não gerenciam bem e a iniciativa privada seguramente sabe fazê-lo melhor. Só que ela seria comprada pela EDF, que ironicamente vem a ser a estatal que monopoliza o monolítico sistema energético da França. Isto é, o absurdo de uma estatal brasileira ser "privatizada" por uma estatal francesa, que por sua vez, segundo reza os manuais dos nossos tecnocratas do setor financeiro, seria também necessariamente "incompetente" em termos gerenciais...

E quanto às tarifas, cuja redução foi um dos argumentos para a privatização do nosso setor energético? Ah! Aí vem uma surpresa. Considerando as tarifas que eram cobradas em 2001 pela Light no Rio, eram equivalentes a US$ 100 KWh, sendo bem maiores do que os US$ 75 KWh que ela cobrava em Paris na época. Com um dado relevante: enquanto no Brasil ela comprava o KWh em Furnas (ainda estatal) a US$ 23 e vendia a US$ 100 aos consumidores do Rio, na França ela comprava o KWh bem mais caro, porque gerado por energia nuclear.

Detalhe importante: a renda *per capita* do francês é de US$ 24.900,00, enquanto a do brasileiro é de apenas US$ 3.229,00.

O leitor a essa altura deve estar surpreso. Sim, é isso mesmo que você está pensando: as tarifas praticadas pela Light (e com pequena variação pelas outras distribuidoras no Brasil) são das mais altas do mundo. Segundo levantamento do professor Luiz Pinguelli Rosa, quando comparadas com as cidades americanas, na época apenas três capitais cobravam tarifas maiores. A propósito, é válido mencionar que, para gáudio dos mentores da nossa área econômica, nada mais globalizado do que ficou o nosso setor de distribuição depois de privatizado: a Cerj (RJ) é chilena; a Gerasul é belga; a Cesp-Parapanema, a CESP-Tietê, CEE-NNE (Norte e Nordeste), a CEE-CO (Centro-Oeste), a Elektro e a Eletropaulo são americanas; a Coelba (BA), a Coelce (CE) e a Celpe (PE) são espanholas... Foi a brutal desnacionalização que resultou da privatização de um setor em que tínhamos absoluto controle das decisões. Decisões que hoje dependem das matrizes das empresas, de onde, aliás, é adquirida a maioria dos novos equipamentos e contratados os serviços de engenharia. Tudo isso resultou num grande prejuízo para a indústria de base nacional e irrecuperável dano para as empresas de consultoria brasileiras.

Voltando ao caso da Light, a título de ilustração sobre o que ocorreu com as demais empresas privatizadas, em razão de abusivas facilidades criadas para atrair investidores – que por conta dessas mesmas facilidades agiram simplesmente como especuladores – vale a pena se debruçar sobre seus dados contábeis. Segundo demonstra o balanço da empresa publicado na *Gazeta Mercantil* de 13 de janeiro de 2001, 98% dos seus lucros foram destinados a seus acionistas controladores, localizados na sede da empresa na França.

É válido fazer aqui umas considerações sobre o que significa em acréscimo de ônus real para o consumidor brasileiro a variação das tarifas de energia elétrica e de gás de 1995 até 2002. Para efeito de raciocínio, consideremos o consumo médio de uma família brasileira na ordem de 190 KWh por mês e um botijão de gás de 13 kg.

Em 1995 o botijão de gás custava R$ 6,00 enquanto 190 KWh equivaliam a R$ 14,00, resultando num gasto total de R$ 20,00. Como o salário mínimo na época era de R$ 100,00, significava que a família aplicava 20% do salário mínimo em seus gastos com energia e gás.

Por outro lado, em 2002, enquanto 190 KWh equivaliam a R$ 55,00, o bujão de gás alcançava R$ 30,00, totalizando um gasto total de R$ 85,00. Ora, como o salário mínimo passou a ser R$ 200,00 significa que a mesma família passou a comprometer acima de 40% do salário mínimo. Ou seja, um aumento real superior a 100% sobre o que pagava há sete anos.

A essa altura talvez o leitor esteja se interrogando por que quando faço referência ao processo de privatização só me refiro à área econômica e não ao Ministério de Minas e Energia. É que, reiterando o aqui já afirmado, provavelmente por razões políticas, desde o começo do governo Fernando Henrique Cardoso o MME ficou inteiramente esvaziado e sem força de decisão. O essencial passou a ser decidido pelas agências, cujos titulares são totalmente independentes do ministro. No caso energético, ao MME ficaram ligadas apenas as estatais do sistema Eletrobrás, empresas absolutamente fragilizadas, já que proibidas de investir até mesmo seus lucros em obras novas e, não obstante o baixíssimo coeficiente de endividamento, impedidas de tomar empréstimos mesmo que em bancos oficiais. Ou seja, limitavam-se a passivamente aguardar, ano após ano, a hora fatal da sua privatização. Anos depois, intimidado pelas conseqüências da grave crise do racionamento sob a ameaça do apagão, sentindo-se pressionado para explicar o porquê de haver impedido as estatais energéticas de realizarem investimentos essenciais, o ministro Pedro Malan disse que nunca se recusara a aprovar a proposta orçamentária das estatais.

Citarei dois fatos para comprovar essas minhas assertivas.

Em recente entrevista, o engenheiro Roberto D'Araújo, diretor do Instituto de Desenvolvimento Estratégico do Setor Elétrico (ILUMINA), uma das mais respeitadas autoridades do setor elétrico nacional, com a credencial de haver trabalhado em Furnas durante 26 anos, respondeu ao jornalista sobre essa afirmativa do Sr. Pedro Malan:

"É mentira. Investimento solicitado em empresa estatal é a etapa final do processo de negociação. Eu presenciei isso em Furnas, que fazia um orçamento de investimentos, enviava para a Eletrobrás, que por sua vez receberia ordens do Ministério da Fazenda para cortá-la. Éramos obrigados a refazer o orçamento até que a solicitação final, com os cortes previamente acertados com a equipe econômica, fosse encaminhada. Então, oficialmente parece que Furnas não queria investimentos mais amplos, mas é mentira".

Outro fato. Em 1996, cinco anos antes da crise, o Ministério de Minas e Energia, face à análise dos dados da Eletrobrás, que indicavam claramente o risco do setor, e percebendo que a área privada não estava sensibilizada para investir em novas usinas para gerar mais energia ou em linhas de transmissão essenciais, apresentou ao governo um amplo plano de construção, através das estatais energéticas, as quais se valeriam de recursos próprios e alavancagens, a partir de empréstimos compatíveis com seu baixo índice de endividamento. A reunião decisiva, por ordem do presidente, foi efetivada na Casa Civil, com as presenças do ministro de Minas e Energia e do ministro da Fazenda, representado no ato pelo seu então secretário executivo do Ministério da Fazenda, Pedro Parente. Alegando o *imperativo da rigidez fiscal* a proposta foi inteiramente vetada e as estatais proibidas de investirem em novas hidroelétricas e linhas de transmissão. A ironia de tudo isso é que *se tivesse sido aprovado o plano não teria havido crise energética* e o Dr. Pedro Parente não viria a dirigir a CGE – Câmara de Gestão de Energia, buscando medidas emergenciais, que nada mais foram do que remendos para contornar e, quando possível, corrigir tantos e tamanhos erros do governo de Fernando Henrique.

Conforme mencionamos, todos esses erros foram sendo cometidos pelo governo, ao tempo em que avisos e advertências de várias fontes eram transmitidos às autoridades ministeriais, as quais, no entanto, não se sensibilizaram. Ao contrário, aqueles que se expunham fazendo críticas eram subestimados, e alguns até ridicularizados, mesmo em se tratando de figuras eminentes. Exemplo típico ocorreu com o presidente do maior conglomerado de empresas do Brasil e seguramente o líder mais respeitado entre seus pares, Antonio Ermírio de Moraes. Participando de um seminário sobre perspectivas econômicas, em 26 de outubro de 2000 – a apenas sete meses do racionamento – o empresário se dirigiu ao ministro Alcides Tápias apresentando dados irrespondíveis sobre o baixo nível do lago das nossas hidroelétricas, demonstrando o risco que a economia nacional corria de enfrentar um *crack* energético a curto prazo. O ministro, ao invés de debater a questão, se limitou a responder com ironias sobre o exagero pessimista do interlocutor – logo ele, um dos mais entusiastas empreendedores brasileiros – garantindo que o governo tinha tudo sob controle e que não haveria a mínima probabilidade de racionamento. Essa leviandade, partida de um ministro que tinha a responsabilidade direta de zelar pela tranqüilidade de trabalho do setor industrial e de serviços do país, que tinha a obrigação de saber que, se não fossem chuvas inesperadas, o racionamento no Sudeste já teria ocorrido em 1999, prejudicando duramente o coração industrial brasileiro. Mas não era de se estranhar que ele tivesse agido assim, quando se sabe da notória ignorância vigente na área econômica sobre a essencialidade da energia para o desenvolvimento. Afinal, na cabeça deles, energia nada mais era do que uma simples mercadoria, e os dados ameaçadores apresentados pelos especialistas do setor, inclusive do próprio Ministério das Minas e Energia, nada mais representavam do que ação de lobistas pervertidos pelo hábito da gastança e da mania de grandes obras. O que interessava mesmo era proteger a rigidez orçamentária, sob pena – valha-me Deus! – de perder as bênçãos do FMI e não cumprir as metas inflacionárias, ainda que a variação para mais fosse medida apenas por decimais à direita do teto limite. Além do que, convenhamos, tudo corria maravilhosamente: as estatais energéticas continuavam a não usar seus lucros em investimentos de infra-estruturas inflacionárias, destinando-os a "fins mais nobres", para gerarem superávits primários. Quanto aos investidores estrangeiros, continuavam a colocar seus valiosos dólares no setor energético e o fato de não investirem em novas usinas era apenas detalhe supérfluo: o fundamental é que serviam para equilibrar as contas nacionais. Tudo isso alegrava o governo e fazia delirar o FMI, a essa altura já menos encantado com a Argentina, até pouco tempo atrás cantada em prosa e verso como exemplo da modernidade de um país que fora fiel discípulo da Tríade* para se enquadrar nos novos tempos da globalização.

Mas, enquanto esse delírio ocorria no mundo encantado da tecnocracia econômica de Brasília, no mundo real a situação era bem diferente. Conforme já comentado aqui, o sistema energético brasileiro, genialmente con-

* Tríade = FMI + Banco Mundial + OMC..

cebido pela engenharia nacional e implementado com o sacrifício de gerações, oferecia condições de garantia máxima só possível através de hidroelétricas construídas nas mais diferentes regiões de um país continental, cada uma delas com regime diferenciado de chuvas. Não bastasse isso, na maioria dos casos nossas hidroelétricas contam com lagos imensos de acumulação, que lhes permitem enfrentar até cinco anos de poucas chuvas. Tudo isso integrado por um sistema computacional de última geração, que funciona tal como se elas pudessem transferir imensos volumes d'água umas para as outras, nos locais onde os reservatórios estivessem esvaziando abaixo da linha de garantia. Na realidade, são transferidos grandes blocos de energia através de poderosas linhas de transmissão que cumprem o mesmo papel.

Mas como já comentado, quando este consumo ultrapassa certo limite, soa o alarme: é hora de construir nova hidroelétrica ou, quando indicado, novas linhas de transmissão. Funcionando dessa forma, o parque hidroelétrico brasileiro é altamente seguro, tanto é que durante os últimos 40 anos não houve racionamento no país, exceto no Nordeste em 1987, o que só ocorreu porque a CHESF não tinha sua rede ainda conectada ao sistema integrado. Quando isso não se dá, todavia, vai aumentando o risco de racionamento, ultrapassando os 5% recomendados pelas normas técnicas e a situação se tornando ameaçadora. Normalmente uma hidroelétrica, até o fim do regime de chuvas, atinge mais de 90% de sua capacidade e, no período seco, alcança em torno de 60%, recomeçando então o ciclo virtuoso.

Examinemos, a propósito, o gráfico a seguir, que dá a variação ocorrida entre os limites máximos e mínimos dos reservatórios do Sudeste, região que concentra a parte mais importante do parque industrial brasileiro.

Observando o gráfico e o quadro-resumo, percebemos que até 1995 o sistema funcionou perfeitamente:

Evolução do Armazenamento

Sudeste — Fev/1991 – Mai/2001

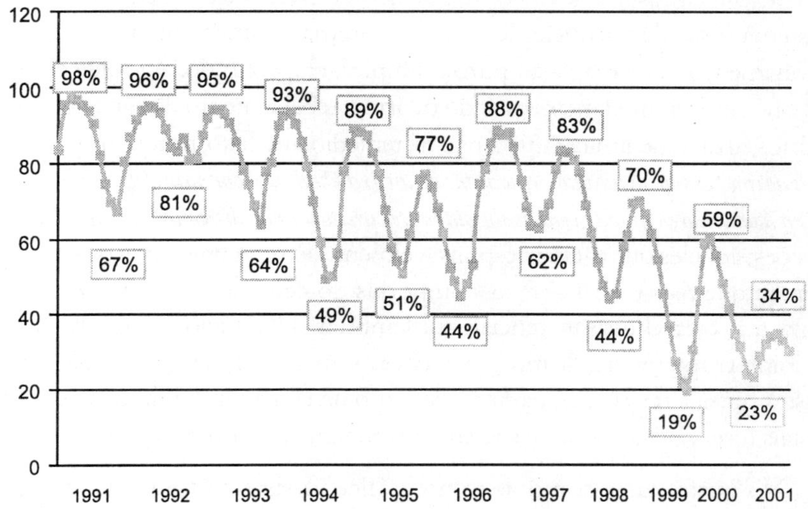

ANO	*NÍVEL MÁXIMO*	*NÍVEL MÍNIMO*
1991	98%	67%
1992	96%	81%
1993	95%	64%
1994	93%	49%
1995	89%	51%
1996	77%	44%
1997	88%	62%
1998	83%	44%
1999	70%	19%
2000	59%	23%
2001	34%	

Fonte: USP/PIPGE

A partir daí o sistema começa a degringolar, o que, não obstante disparada a sirene de alarme, era interpretado na área econômica como rumores de *lobbistas* exaltados. Observe-se, entretanto, a garantia do sistema hidroelétrico, que conseguiu resistir a até cinco anos de falta de investimentos, enquanto que se o sistema fosse de termoelétricas não suportaria um mês, e mais: ao invés de racionamento, seria o apagão puro e simples. Há, contudo, algo que é muito grave no setor hidroelétrico: quando ocorre o rebaixamento da água nos reservatórios, abaixo do limite crítico, não há remédio imediato, porquanto, *diferentemente do que pensam os incautos tecnocratas da área econômica, o combustível das hidroelétricas, que é a água, não se encontra em nenhuma prateleira do mundo disponível à venda.* Nessas ocasiões, àqueles que agem irresponsavelmente só resta uma saída possível: rezar para que São Pedro abra as comportas do céu, não com uma chuva de rotina, mas com chuvas torrenciais que lembrem um dilúvio, caindo dias seguidos ininterruptamente, de modo a encher os imensos reservatórios das barragens. A outra alternativa é parar de gerar no nível máximo durante anos, para que tais reservatórios voltem a encher novamente e recomecem o ciclo.

No nosso caso, como visto no gráfico, o sistema foi paulatino, num processo que durou seis anos, período entre 1995 a 2001. Mas, no que se refere ao Sudeste, por um triz não foi necessário o racionamento já no ano de 1999, quando o nível dos reservatórios caiu a 19% e o ONS já recomendava um imediato racionamento. De repente chuvas atemporais caíram num ritmo surpreendente e foi afastada a necessidade imediata de um brusco racionamento, embora o nível dos reservatórios não tivesse voltado a um padrão de normalidade que desse tranqüilidade futura. Paradoxalmente, este excepcional golpe de sorte serviu para confirmar na cabeça do ministro da Fazenda, homem acostumado às incertezas do mercado financeiro globalizado, que mais lembra um imenso cassino com as variáveis infernais dos derivativos, dos *hedges* e das apostas dos mercados futuros, que tudo não passava mesmo do antigo *lobby* do setor energético, em que ele sempre acreditara. Continuaria a não permitir gastanças imprevidentes no setor, zelando prioritariamente pelo sacrossanto equilíbrio do déficit público. Afinal, o resto seria resolvido pela sabedoria do mercado, que no fim sempre acaba encontrando a solução apropriada...

Antes de nos determos no racionamento de maio de 2001, convém fazer alguns comentários importantes que terão conseqüências permanentes, se quisermos traçar um equacionamento correto para o futuro do setor da energia no Brasil, conscientes de que não há segmento mais fundamental para um país que queira implementar um processo de desenvolvimento sustentável. Tem havido, por parte de vários analistas econômicos, algumas fortes restrições sobre a não-racionalidade da nossa matriz energética, alegando-se sua exagerada dependência da energia hídrica que, por sua vez, depende dos *humores de São Pedro* para liberar ou não chuvas. Tudo isso, aliás, reforçado pela insistência do governo em defender sua não-responsabilidade pela crise energética, alegando – embora indevidamente para os técnicos, que sabem o quanto ela foi previsível, mas confundindo grande parte da população – que ela teria decorrido da repentina falta de chuvas. Ou seja, que o racionamento fora provocado por um fenômeno imprescindível da natureza e não por erros técnicos de planejamento. E o pior: ela poderá voltar a ocorrer no futuro, já que nosso setor hidroelétrico é escravo das chuvas. Daí a necessidade urgente de introduzir as termoelétricas.

Será isso verdade? É o que veremos.

CAPÍTULO V

Hidroelétrica x Termoelétrica

A grande maioria dos países do mundo, inclusive os da União Européia e os EUA, usam as termoelétricas majoritariamente como fonte geradora de energia. Elas são movidas basicamente a carvão, óleo combustível, gás, ou via nuclear, dependendo da disponibilidade de cada país.

Numa primeira leitura parece que o Brasil está em dicotomia com o mundo mais desenvolvido, seguindo o caminho das hidroelétricas. Mas a verdade é exatamente o oposto: os demais países é que não têm o mesmo privilégio brasileiro de contar com uma imensa disponibilidade hídrica, a maior do planeta, espalhada por centenas de rios caudalosos distribuídos em um país continental e, para completar, submetidos a diferentes estações chuvosas.

Falando de forma esquemática e numa linguagem sintética, já que esse livro não é destinado a técnicos, vejamos, em cada um dos casos, como é gerada a energia.

Nas hidroelétricas, o processo é simplíssimo: as águas de um rio que correm giram as hélices de uma turbina e, dessa forma, gera-se automaticamente a energia. De forma imediata se percebe que seu combustível é grátis e inteiramente não-poluente: as próprias águas do rio que seguem seu curso.

No caso das termoelétricas, a geração elétrica ocorre de forma bem mais complexa e cara. Vale a pena uma explicação mais sistematizada.

Um gerador de energia elétrica nada mais é que uma peça magnetizada (indutor), movimentando-se nas proximidades de condutores enrolados sob a forma de espirais (induzido). Importa que haja movimento relativo entre o indutor e o induzido para que ocorra a força eletromotriz capaz de produzir a corrente elétrica. A energia mecânica – movimento da peça magnetizada – é transformada em energia elétrica. O movimento da peça magnetizada pode ser obtido de diversas formas:

1) aproveitando a força das águas em movimento para girar uma turbina que, por sua vez, movimenta o gerador. Nesse caso temos uma usina hidroelétrica. A força das águas, energia mecânica, consegue-se represando-as a grande altura, aproveitando-se o desnível natural das quedas d'água ou as fortes correntezas de rios volumosos e estreitos;

2) através de um motor ou turbina movido pela força obtida pela queima de combustíveis como carvão, gás, óleo, lenha, fissão nuclear, etc. O calor da combustão ou fissão se transfere ao meio operador ou de trabalho, seja vapor, ar quente, gás refrigerado, quando a combustão não se exerce diretamente sobre o mesmo meio de trabalho, como ocorre, por exemplo, no processo aberto das turbinas a gás.

Ou seja, o combustível, seja ele qual for, tem que ser adquirido em fontes externas às termoelétricas. Outro aspecto grave é que são as termoelétricas as maiores poluidoras do planeta: desde aquelas que usam o carvão, o mais poluente dos combustíveis, até o gás, o menos agressor, o fato é que essa forma de geração de energia é grande emissora de CO_2 na atmosfera, responsável pelo aumento do efeito-estufa, terrivelmente maléfico. É ele, por exemplo, o maior responsável pela mudança climática da terra, que poderá ter conseqüências dantescas para o homem. Segundo consta, o Nordeste brasileiro será uma das regiões mais prejudicadas a médio e a longo prazos. Para uma melhor visualização da agressão à natureza, é válido cotejar os dados levantados pelo World Resources 2000/2001 que assinalam o total de emissões de CO_2 desde o ano de 1950 pelas principais nações da terra. Ali se constata que o maior poluidor do mundo são os EUA, que lançam em emissões de CO_2 na atmosfera, desde o ano de 1950, 186,1 ton de CO_2; já o Brasil é um dos que menos poluem, sendo sua responsabilidade no período de 6,6 toneladas, correspondendo a menos de 4% do total norte-americano.

Basta examinar esses fatos para perceber claramente a vantagem da geração da energia hidroelétrica sobre a equivalente termoelétrica. A primeira consome um combustível grátis e não-poluente, enquanto a segunda, um combustível caro e altamente agressor ao meio ambiente. Acrescente-se ainda o fato de o Brasil não dispor de carvão de boa qualidade, não ser auto-suficiente em óleo combustível e especialmente em gás, o que implica a necessidade de gastar anualmente alto volume de divisas, de que somos tão carentes. Outra deficiência para nós, quanto às termoelétricas, é que seus equipamentos são importados em torno de 85%, o que implica mais um peso na nossa balança comercial. A propósito, no que diz respeito às hidroelétricas, somos praticamente auto-suficientes na fabricação de seus equipamentos, só necessitando importar, no máximo, 10% deles.

Outra faceta importante a ser examinada, na equivocada opção por termoelétricas, são os interesses cruzados entre os detentores do gás, cujas grandes reservas no mundo são controladas na maioria por um grupo reduzido de multinacionais, e os poucos grandes fabricantes dos equipamentos básicos das usinas térmicas.

Dois exemplos, a seguir, ilustram bem essa situação.

Primeiro, que o gás que importamos da Bolívia, através do enorme gasoduto construído pela Petrobras, pertence à Shell e à Enron, a gigantesca empresa de energia americana que provocou, há pouco tempo, a maior falência da história do capitalismo. Com a plena utilização do gás pelo Brasil, estaremos importando US$ 500 milhões anualmente. Aliás, causa espécie como o Brasil não barganhou com o governo boliviano, para ao invés de pagar em dólares, fazê-lo em reais corrigidos, ou impondo troca forçada por equipamentos ou produtos brasileiros. Afinal, o governo brasileiro tem uma grande arma de persuasão: o gás boliviano só tem nosso país como comprador e, se não o comprarmos, o gás continuará enterrado e incólume. Talvez às pessoas mais sensíveis poderia parecer dura essa forma de negociar, mas é assim que outros países fizeram conosco em diferentes ocasiões, e não é diferente a forma como funcionam as regras do comércio internacional. Não é assunto para amadores nem almas sensíveis...

O leitor poderia refutar: mas, enfim, o Brasil não precisa do gás? Sim, mas para comprar temos outras alternativas, inclusive na vizinha Argentina, que por sinal tem o gás controlado por outra multinacional americana. E a Bolívia, pela sua posição geográfica, não tem outro comprador.

O segundo exemplo da complexa geopolítica da energia é a crise da Califórnia, que gerou tantos apagões no estado mais rico dos EUA, promovendo prejuízos de dezenas de bilhões de dólares. Essa ilustração é sobremodo pertinente porque, quando se concebeu o plano de desmonte do sistema energético brasileiro, seus defensores costumavam citar o caso da privatização e desregulamentação das companhias de energia da

Califórnia como padrão a ser seguido. Isso, naturalmente, antes da debacle energética californiana, cujas proporções dramáticas desmoralizaram o processo de privatização americano para o setor energético, servindo para estancar o andamento de estudos semelhantes que estavam prestes a ser implementados em outros estados norte-americanos. E o caso piorou quando ficou demonstrado que fora uma crise provocada por uma manipulação criminosa de algumas empresas durante os anos de 2000 e 2001, promovendo um verdadeiro caos na economia do mais rico estado americano, um imenso transtorno social entre os californianos e um prejuízo direto ao governo do estado da formidável cifra de US$ 30 bilhões. Mais grave ainda, resultaria em um plano megalomaníaco anunciado pelo próprio presidente Bush, que estabeleceu um total de 1.300 termoelétricas a serem contratadas nos próximos anos pelo setor energético dos EUA. O anúncio dessa meta provocou um choque em todo o mundo: caso viesse a ser cumprida, além do fortíssimo impacto econômico, traria dramáticas conseqüências ambientais a nível planetário. Graças ao espírito investigativo da imprensa americana – e, sobretudo, aos documentos que emergiram em função da maior falência da história do capitalismo promovido pela gigantesca empresa energética Enron, ocorrida em dezembro de 2001 – ficou provado que por trás dos apagões californianos se abrigavam uma das maiores fraudes da economia americana e um tenebroso caso de corrupção envolvendo figuras proeminentes do governo Bush. Um dos maiores responsáveis pela descoberta dessa incrível trama foi Paul Krugman, um dos mais conceituados economistas dos EUA e um dos mais aplaudidos comentaristas da sua grande imprensa. Obstinadamente, ele se recusou a acreditar na versão governamental para a repentina crise da energia da Califórnia, não apenas desconfiando das causas alegadas para a quebra do sistema, mas pela ansiedade do vice-presidente americano em aceitar candidamente as explicações das empresas energéticas, sem antes proceder a uma cuidadosa perícia, e sua conseqüente ligeireza em projetar para todo o país uma crise localizada e aceitar a paternidade de um plano nacional, cujos maiores beneficiários seriam exatamente as empresas do setor energético. Ao invés de expormos o ocorrido, é melhor lermos uma síntese dos fatos, descrita pelo próprio Paul Krugman, de acordo com o artigo assinado por ele no *The New York Times* e devidamente transcrito pelo *O Estado de São Paulo* de 26 de junho de 2001:

Ligando a Califórnia

"(...) *O verão já começou e até agora o fornecimento de energia tem sido adequado – e os preços estão bem razoáveis. De fato, nos últimos dias,* ***o preço da eletricidade no atacado, que nesta época do ano passado atingiu US$ 750 o MWh, caiu para menos de US$ 100, tendo até mesmo chegado até abaixo de US$ 50.***

(...) *Por que as usinas de força estão operando de novo? Mais especificamente, por que elas não estavam operando no momento em que havia uma desesperadora escassez de energia e os preços estavam muito mais altos do que agora?*

Hoje, muitos economistas aceitam a constrangedora resposta: ***as empresas geradoras deliberadamente retiraram eletricidade do mercado com o objetivo de aumentar ainda mais os preços. Até recentemente, a prova dessa manipulação de mercado era puramente circunstancial. Mas agora ela foi reforçada pelo testemunho direto de ex-empregados de uma dessas geradoras.***

Então, por que a manipulação de mercado terminou? *As geradoras agora vendem a maior parte de sua produção em contratos de longo prazo com o Estado, o que reduz o estímulo para aumentar os preços no mercado "spot". Mas provavelmente o verdadeiro motivo foi a pressão do público, que culminou com a recente decisão dos reguladores federais, de impor tetos aos preços no atacado, e que acabou convencendo as geradoras a se comportarem melhor. (Ocorre que os detalhes do estabelecimento de teto para os preços podem ser menos importantes do que a indicação de que os reguladores, finalmente, estão preparados para fazer algum tipo de regulamentação.)*

A história do gás natural pode ser similar. No ano passado, a El Paso Natural Gás, que controla um dos principais gasodutos que servem a Califórnia, alugou um enorme volume da capacidade do gasoduto para uma subsidiária sua. Essa subsidiária tem sido acusada com freqüência de usar os seu direitos de controle do gasoduto para suprimir o fornecimento ao mercado da Califórnia e, em decorrência, aumentar os preços. *A empresa refuta essa acusação, e afirma que um documento interno que menciona a "habilidade de influenciar o mercado físico para beneficiar qualquer posição financeira ou de 'hedge' (proteção)" na verdade significava outra coisa. Mas, quando o arrendamento terminou, no início deste mês, os preços do gás na Califórnia imediatamente caíram pela metade.*

E assim, mais cedo do que se esperava, parece que o pior pode ter acabado. Uma seca ou uma onda de calor ainda poderiam provocar apagões eventuais. Mas o tempo está a favor da Califórnia. Algumas usinas novas começarão a funcionar em poucas semanas, e muitas outras serão inauguradas nos próximos 18 meses.

O grande perdedor nessa história – porque alguém sempre sai machucado, mesmo quando a notícia é boa – é, por certo, o vice-presidente Dick Cheney, o arquiteto do plano energético, fundamentado no extrativismo do governo Bush".

O EQUÍVOCO DAS TERMOELÉTRICAS

Na verdade esse *affair* californiano respingou fortemente no vice-presidente de Bush, Dick Cheney, já que ele foi o grande arauto na defesa da gravidade da crise energética, mantendo-se ferrenhamente contra a intervenção do governo, através de um drástico controle de preços, exigido desde o começo do processo pelo governador do estado, *teimando em defender até o fim que o próprio mercado encontraria as respostas adequadas*. Pois bem, seria a posterior intervenção do governo que viria colocar a descoberto a manipulação oligopolizada. As conseqüências dessa questão californiana promoveriam graves repercussões nacionais. Ocorre que o vice tinha sido o autor do famoso plano energético da presidente Bush, com o qual ele chocara a nação, superestimando a crise energética norte-americana, afirmando enfática e despropositadamente em maio de 2001: "Estamos enfrentando a pior crise de energia desde os embargos do petróleo na década de 70". E para enfrentá-la propunha medidas dramáticas que só beneficiariam as poderosas indústrias energéticas do país, a maioria das quais, "coincidentemente", do Texas, terra de origem do presidente. Dentre elas, a retomada do Plano Nuclear, interrompido desde a década de 70, com o acidente da Usina de Three Mile Island, a abertura para exploração de petróleo em santuários ecológicos da nação, tais como no Alaska, além da construção de 1300 (!) usinas termoelétricas.

Interessante assinalar que, pouco tempo depois, as principais empresas de risco norte-americanas já advertiam os investidores para terem renovado cuidado com a construção de novas termoelétricas no país, pelo risco de serem excessivas. Note-se que tudo isso ocorreu meses antes de explodir o escândalo da falência da Enron, e da imprensa começar a especular a ligação de empresas energéticas texanas, inclusive as que operavam na Califórnia, em financiamento de campanha de eminentes figuras do gabinete presidencial. Por outro lado, com a falência da texana Enron, aquelas especulações afloraram de modo mais ostensivo. Pouco a pouco foi ficando esclarecido de modo definitivo os contornos de uma crise que feriria gravemente a credibilidade das grandes empresas americanas e o pior, acobertada por uma forte cortina de corrupção coordenada a partir de altos escalões governamentais. Finalmente, em maio de 2002 foram entregues ao governo americano documentos comprobatórios de que a Enron, que tinha falido cinco meses antes, comandara um macroesquema de sinistra manipulação de mercado, envolvendo poderosas empresas energéticas para aumentar de modo fraudulento os preços de energia da Califórnia durante os anos de 2000 e 2001. Os documentos desnudaram o esquema que envolveu vários aspectos do *modus faciendi* do sistema, dentre outros criando um falso congestionamento da rede de transmissão californiana. Isso ocorreu por intermédio de maciças compras fictícias entre empresas, inflando os preços e causando uma falsa sensação de congestionamento.

Concluindo esta análise que tem uma vertente claramente didática e de prevenção para o sistema energético brasileiro, que teve o modelo californiano como um dos seus inspiradores e foi concebido sob a égide da infalibilidade do mercado para resolver todos os impasses da moderna sociedade, vale a pena transcrever trechos de uma nova crônica escrita pelo mesmo Paul Krugman um ano após à anteriormente transcrita*:

> *"As empresas de energia tinham o motivo, os meios e a oportunidade para mandarem os preços para a estratosfera. E a crise apresentou exatamente os traços que se poderiam esperar se a manipulação de mercado estivesse desempenhando um papel importante: boa parte da capacidade geradora do Estado estava ociosa, enquanto os preços da eletricidade estavam 50 vezes acima dos níveis normais.*
>
> *Mesmo assim, as autoridades federais, de George W. Bush para baixo, só ofereciam à Califórnia sermões sobre as virtudes do livre mercado. A Comissão Regulamentadora Federal de Energia (Ferc, da sigla em inglês), que teoricamente deve policiar essas coisas, não encontrou provas de atos ilícitos. Essencialmente, a Ferc perguntou às companhias energéticas se elas estavam manipulando o mercado. Elas responderam: "Quem, nós?" E ficou por isso mesmo.*

---

* Publicada no *Estado de São Paulo* em 11/05/2002.

Acontece que a Enron estava mesmo manipulando os mercados, com esquemas nos quais seus imprudentes funcionários usavam "nomes de guerra" como O Gordo e Estrela da Morte. Quem disse que o mundo dos negócios não é divertido?

Tais memorandos vieram a público apesar do evidente esforço da Ferc em não ver nada de errado (sabemos agora que o governo Bush, com efeito, permitiu à Enron escolher os membros dessa comissão).

Mas há uma questão específica sobre a Enron. Posso ter sido injusto com o secretário do Exército, Thomas White. Ele dirigia os Serviços de Energia da Enron, uma divisão que – pelo menos eu imaginava – era usada principalmente para gerar lucros falsos, fazendo subir as cotações das ações da empresa. Mas essa divisão tinha um outro papel: criar falsas transações de energia, aumentando os lucros efetivos da Enron à custa do Estado da Califórnia. Como é que White ainda permanece no seu cargo?

O que mais me perturba nessa história, porém, não é o comportamento das companhias energéticas, nem mesmo o comportamento do governo Bush – que ficou de braços cruzados enquanto a Califórnia era roubada em US$ 30 bilhões e desavergonhadamente explorou o drama do Estado promovendo seu próprio e completamente irrelevante plano energético.

Não, o que me aborrece é a posição adotada por muitos analistas políticos e econômicos: de que a catástrofe da Califórnia nada tem a ver com os riscos da desregulamentação e com o perigo do amor excessivo pelo livre mercado. Eles dizem que a culpa foi da própria Califórnia, por criar um sistema "falho" – termo maravilhosamente vago, que evita a necessidade de se explicar o que realmente aconteceu. De fato, a principal falha foi que o sistema não continha salvaguardas contra manipulações do mercado".

Esse é um assunto interno da política americana, no qual nos cabe apenas o papel de observadores do jogo pesado dos grandes negócios que predominam por trás dos bastidores das eleições presidenciais norte-americana. O que nos afeta diretamente é a postura dilapidadora de recursos da natureza do *american way life*, além da sua ação de *sujismundo*, sendo responsável isoladamente por mais de 30% da emissão global de CO_2 na atmosfera, promovendo o efeito-estufa, ameaçando as variações climáticas que afetarão a sobrevivência de toda humanidade. Como se sabe, os EUA, com apenas 4% da população da terra, consomem isoladamente 30%* da produção energética do planeta e, caso fosse efetivada a proposta energética do governo Bush,

* Dos 75 milhões de barris por dia consumidos em todo mundo, os EUA isoladamente consomem 25 milhões.

este percentual aumentaria sobremodo. A conseqüência direta do maior consumo *per capita* dos norte-americanos, como incentiva, indiferente, seu presidente, será um aumento da agressão ambiental, já que as usinas térmicas são as maiores responsáveis pela emissão de CO_2. Para se demonstrar como essa situação poderia ser bem diferente, sem prejuízo para o padrão de vida americano, basta examinar o que ocorre com a demanda energética da União Européia, cujo peso econômico e demográfico é semelhante ao dos Estados Unidos, mas onde prepondera um comportamento completamente diferente. É pertinente comparar que enquanto os norte-americanos consomem 2,4 bilhões de toneladas de petróleo por ano, os europeus se contentam com 1,5 bilhão. Na realidade vigoram duas visões diferenciadas, sendo que na Europa se privilegia uma visão conservacionista e de consumo racionalizado, enquanto que os EUA primam por um esbanjamento predatório. Isso é bem percebido na projeção de consumo que ambos fazem para o ano 2020. Enquanto a Europa projeta um consumo de 1,6 bilhão, inclusive um arrojado plano de energia alternativa, caso prevalecesse a megalomaníaca proposta de Bush, naquele mesmo ano os EUA alcançariam 3,175 bilhões de toneladas, ou seja, o dobro *per capita* da européia. Daí se percebe o desdém e a arrogância com que o "império" americano trata o Protocolo de Kyoto, pouco se importando com o que pensa o resto do planeta.

Entendemos oportuno narrar esses fatos, a fim de demonstrar a complexidade da geopolítica da energia e alertar que nessa área predomina um jogo bruto no qual, em absoluto, não há lugar para ingênuos...

Concluindo esses comentários, talvez o leitor esteja se questionando: se as hidroelétricas são aparentemente tão vantajosas, qual a razão de os EUA, também um país continental, não dar prioridade à sua matriz energética na construção de mais hidroelétricas? A razão é simplesmente que eles já chegaram ao seu limite máximo e não têm mais espaço para grandes hidroelétricas.

Bem diferente é a situação do Brasil, que tem o maior potencial hidroelétrico do planeta, calculado em 260.000 MW e, apesar de seu gigantesco parque hidroenergético, implementou até agora tão somente 65.000 MW ...

Mas voltemos à questão colocada por alguns analistas econômicos: não terá o Brasil exagerado na sua dependência hidroenergética, com mais de 90% de participação na sua matriz? Para não falar no Nordeste, que é de quase 100%? Daí, portanto, não seria de bom senso mesclar o sistema com um teia de termoelétricas, como o governo está implementando?

No início, com lançamento em 24 de fevereiro de 2000 do PPT - Programa Prioritário de Termoelétricas, pretendia-se uma meta irreal (até porque não havia gás previsto para tanto) de se implementar uma potência instalada através de 49 termoelétricas na ordem de 17.401 MW, equivalentes a 1,5 vezes Itaipu. Isto é, caso isso tivesse ocorrido, o Brasil já teria um sistema energético verdadeiramente misto. Por sorte nossa, todavia, vários fatores deram errado, inviabilizando o plano.*

O motivo básico do fracasso do plano megalomaníaco foi a avidez dos investidores estrangeiros, que frustrou a expectativa do governo de que, ao contrário, eles estariam ansiosos para investir no setor. Simplesmente eles agiram com a mesma frieza que os levaram a se recusar a investir em novas hidroelétricas. Eles concluíram, com a fria lógica dos financistas: por que eu vou me arriscar a enfrentar um longo processo de aprovação, enfrentando as complexas leis ambientais brasileiras e os afoitos membros do Ministério Público, cuja intervenção tem levado a atrasar um processo de aprovação durante anos, se posso comprar, com um investimento bem abaixo do preço de implantação de uma usina nova, uma hidroelétrica já amortizada e gerando um KW a um preço meramente simbólico?

No caso das termoelétricas, o raciocínio era semelhante: só entrariam no negócio se o governo lhes fizesse enormes concessões, assumindo todos os riscos cambiais, de concordância com preço de venda excelente, e, ainda mais, garantisse comprador de longo prazo a preços generosos. Ou seja, todos os ônus seriam do governo e todos os bônus deles. Delfim Neto, um dos nossos mais conceituados economistas, experimentado homem público e de índole incontestavelmente pró-setor privado, percebendo essa aberração escreveu um notável artigo na *Folha de S. Paulo*, em que critica esse espírito especulativo, denominado por ele de "Capitalismo sem Risco". Dele vale a pena destacar um pequeno trecho: "Há poucos países onde o setor energético foi privatizado. Foi uma evidente imprudência levar adiante a privatização durante as dificuldades já visíveis em 1997. Talvez estejamos errados, mas *acreditamos ter ouvido o representante dos geradores privados dizer claramente que eles rejeitam o risco: querem gerar com demanda firme e contratos a longo prazo, que lhes permitam acesso ao financiamento externo, mas não querem risco cambial. Será esse o "livre mercado" que nos espera com a privatização?*".

* No fim, as 49 termoelétricas ficaram reduzidas a 28.

O interessante é que no longo processo de negociação que levaria à frustração das metas iniciais (duraria 15 meses), à medida que o governo ia cedendo uma a uma às exigências, os investidores – sentindo a sua ansiedade, que se acentuava com o agravamento da fragilização das nossas hidroelétricas, cujos lagos secavam a olhos vistos (apenas os doutores da nossa economia não enxergavam) – apresentavam novos pleitos. O resultado disso é que apenas em 05 de julho de 2001, com o pleno funcionamento da CGE – Câmara de Gestão da Crise de Energia Elétrica, finalmente o sistema seria deflagrado, já agora com metas mais modestas. É verdade que ainda assim só seria possível com a assunção dos riscos, quase todos pelas velhas e tão detratadas estatais: a Eletrobrás e, particularmente, a Petrobras. A primeira garantiria a compra, em condições privilegiadas e contratadas a longo prazo, da energia gerada. E a segunda garantiria o gás, assumindo o risco cambial e participando maciçamente como forte acionista de quase todas as termoelétricas, agora reduzidas a 28 térmicas. Trocando em miúdos: uma operação altamente subsidiada pelo governo, para a mal contida alegria dos felizes investidores, tão paparicados que ganharam inteiramente a queda de braço com o governo, praticando o "capitalismo sem risco" e assegurando generosos lucros.

Visto o processo conturbado como se processou a introdução maciça das termoelétricas brasileiras, cabem aqui duas reflexões pertinentes: primeiro, qual o destino que se afigura para as termoelétricas no futuro próximo no Brasil; segundo, é preciso decifrar a questão essencial, isto é, se era necessária a construção de termoelétricas no Brasil.

Pelas razões aqui já examinadas, termoelétricas são péssimas soluções para um país que tem excesso de potenciais hídricos a explorar, capazes de produzir energia limpa e de custo bem mais baixo do que a energia termoelétrica. Deve-se alertar, contudo, que se se deixar que o *mercado* decida, certamente nós perderemos nossa condição de competitividade energética, porque os empresários não vão optar pela construção de hidroelétricas. Por algumas razões, das quais a primordial é que a energia hídrica é de capital intensivo e de retorno mais lento, além de construção bem mais demorada. Acrescente-se ainda que sua aprovação insensatamente encontra mais resistência entre os ambientalistas e do próprio Ministério Público, por conta da imprescindível inundação de áreas. Por sua vez, as termoelétricas têm investimento menor, sua aprovação costuma ocorrer em menos tempo e o período de construção é bem mais rápido. A questão de gerar uma energia mais cara para eles é indiferente, especialmente sabendo que o mercado estará livre, a começar em 2003, atingindo a plena liberdade de estabelecer o valor das tarifas até 2006. Eles sabem melhor do que ninguém (só parece ignorar isso o governo) que a lógica privada do custo marginal fará com que as tarifas no país tendam a se nivelar por cima, isto é, no patamar das termoelétricas. Em poucas palavras, deixando que as *forças do mercado* decidam, corremos o claro risco de, num futuro próximo, termos o país inundado de termoelétricas, em detrimento da competitividade de nosso parque industrial, do bolso do nosso povo e do nosso meio ambiente. Segundo a opinião abalizada dos melhores especialistas do sistema energético brasileiro, as termoelétricas no máximo deveriam ser construídos num número mínimo, em locais estrategicamente definidos, e na menor quantidade possível, para funcionarem como uma espécie de seguro. Com efeito, elas passariam a maior parte do tempo desligadas, funcionando apenas quando houvesse ameaça de o nível das águas dos lagos das hidroelétricas ficar abaixo do coeficiente de risco. Em resumo: dispondo da condição hídrica do Brasil, seria uma ação tresloucada se construírem termoelétricas, dentro de uma visão de concorrerem com as hidroelétricas na simultânea produção de energia. Repito: os EUA fizeram isso por não terem mais potencial hídrico disponível. O Brasil ainda tem mais 200.000 MW disponíveis, já que, como vimos, só implantamos até agora cerca de 65.000 MW em hidroelétricas.

Trocando em miúdos: o país ainda poderá durante as próximas décadas manter seu sistema energético majoritariamente baseado em hidroelétricas. Agir em dicotomia com isso seria absoluta falta de bom senso, ou pura e simplesmente falta de patriotismo.

A segunda questão é se, face à crise energética, era imprescindível a construção de termoelétricas. É preciso se encarar a questão da forma mais abrangente. A verdade é que, como já mostramos, o único problema do setor hidroenergético é que ele, como nenhum outro, aceita erros de seus operadores e leva anos – quando outros processos não resistiriam um mês – para eclodir a crise de desabastecimento. Mas quando ela ocorre pela queda das águas dos seus lagos de acumulação, não há meio de se voltar à normalidade por si mesmo. A não ser, como já falamos, com a anormalidade de chuvas torrenciais que caia a cântaros por muitos e muitos dias seguidos. Como isso não é provável, só há um meio de se proceder: suspender a operação das turbinas, pelo menos em termos de utilização a plena carga, durante anos, até que as águas recuperem seu ponto de equilíbrio. E nesse período ter-se-ia que compensar a geração hidroelétrica com outro tipo de geração, sob pena de um prolongadíssimo racionamento. Este outro tipo poderia ser, como nas nossas circunstâncias, as termoelétricas. Cabe registrar, todavia, que no caso da última crise brasileira optou-se por uma situação intermediária de alto risco. Por um lado, é verdade que houve uma excepcional colaboração do povo brasileiro em poupar energia e, por outro, houve chuvas providenciais, mas não a nível de trazer plena tranqüilidade. O nível das águas atingiu aproximadamente 65% após o período de chuvas, quando se aconselha ultrapassar 90%. O governo, contudo, temerariamente autorizou a suspensão do racionamento, alegando que as termoelétricas, se necessário, entrariam em socorro. Tratou-se, não há dúvidas, de operação de alto risco, provavelmente inspirada no ano eleitoral e que, por certo, poderá estender o risco de novo racionamento para os próximos anos. O correto seria aguardar as chuvas elevarem o nível das águas para um ponto confortável mínimo de 80%. Mas o que se alega aqui é a possível entrada de novas termoelétricas para socorrer as hidroelétricas, na eventualidade de as águas voltarem a ficar abaixo do nível mínimo de equilíbrio.

A questão que se coloca é: só as termoelétricas poderiam exercer esse papel de proporcionar segurança alternativa a contento? Podemos afirmar, pelo menos no caso brasileiro, que *não*. Há outros processos mais indicados para a nossa realidade. Com efeito, o Brasil é um país com elevadíssima possibilidade de empregar energias alternativas. Não é por acaso que no famoso "choque do petróleo", na década de 70 – essa sim uma crise de energia real, que afetou todo o mundo – desenvolveu-se no país, através do Pró-Álcool, o maior programa de energia alternativa do mundo. Basta lembrar que, no seu auge, mais de 95% dos veículos construídos naquela fase tinham como combustível o álcool, em vez da gasolina. Esse feito foi único no planeta e mereceu elogios de todos os países, inclusive os do Primeiro Mundo. Todavia, como aqui já comentado, o objetivo final era introduzir o Pró-Óleo, processo desastrosamente interrompido. Pela sua importância, trataremos das alternativas de energia no próximo capítulo, mas nos adiantaremos em dizer aqui que sim, poderíamos ter substituído pelo menos a maioria das termoelétricas por soluções nossas, com tecnologias brasileiras, não-poluentes e que gerariam centenas de milhares de empregos dentro do território nacional, sem necessidade de gastar nossas escassas divisas com compras permanentes no exterior. Há diferentes opções, em um país continental como o nosso, abençoado por um sol constante, que por diferentes modos podem ser transformadas em energia, por intermédio da biomassa. Sem querer antecipar nossos comentários, podemos afirmar, porém, que um dos melhores meios de gerar energia no território brasileiro é através do aproveitamento do bagaço da cana, que se encontra em vários recantos do nosso país. Certamente através dele, de forma tranqüila, poderíamos ter gerado uma excelente reserva de energia alternativa às hidroelétricas, propiciando, ademais, imensos benefícios em termos de economicidade, valorização da nossa tecnologia, meio ambiente e economia de divisas. Na realidade, diferente da crise provocada pela OPEP na década de 70, não houve empenho de nossas autoridades em buscar soluções internas; comodamente e sem visão macro de estratégia nacional, optaram por *pacotes prontos* no exterior, como no caso das termoelétricas, que nos causam grave dependência externa sem promover benefícios para a economia brasileira, além de gerar malefícios para o meio ambiente. Termoelétricas, pelo menos na dimensão exagerada do programa, foram, portanto, soluções insensatas, promotoras de imensos prejuízos para a nação brasileira.

Vale a pena, a título ilustrativo, fazer uma comparação com as saídas da crise formuladas pela CGE - Câmara de Gestão da Crise de Energia Elétrica no caso da crise energética atual, muitíssimo menos grave, como já nos referimos, do que a promovida em termos mundiais pela OPEP, na crise do petróleo da década de 70 – tendo por trás as chamadas sete irmãs petrolíferas, que no fim foram as grandes beneficiárias do confronto. Conforme se verá, no cotejo entre uma crise energética provocada por erros primários, como a recente, e uma outra gravíssima, a maior da história em termos energéticos, os resultados foram diamentralmente opostos para o povo brasileiro. Na última saímos fragilizados em termos de dependência de nossa economia ante o exterior e competitividade, pelo encarecimento do nosso setor energético, pela sua desnacionalização ostensiva e, por último, pela forte agressão ao meio ambiente. Por outro lado, do "choque do petróleo", da década de 70, saímos fortalecidos, produzindo muito mais petróleo, dobrando nossa capacidade hidroenergética e mantendo o maior programa de energia alternativa do mundo. O único erro é que nos anos seguintes não continuamos a persistir no direcionamento de transformar o Brasil no primeiro país do mundo a dispor de condições de implantar um parque industrial que poderia subsistir independente do petróleo. O Pró-Álcool foi quase abandonado, os planos do Pró-Óleo foram arquivados, as pesquisas foram desestimuladas. Mas esse é um assunto do qual trataremos no próximo capítulo.

É sobremaneira oportuno examinarmos os dois desfechos de modos diametralmente opostos de encarar uma crise: um optando por medidas que implicavam a busca da autonomia tecnológica, a geração de empregos internos, a produção de energia limpa, um projeto de desenvolvimento auto-sustentável. O outro escolhendo uma alternativa imediatista, globalizada, importadora de tecnologia e agressora do meio ambiente. Não se trata aqui de raciocínio preconceituoso, nem muito menos com viés ideológico: limitamo-nos à análise fria dos fatos.

Soluções do governo Fernando Henrique Cardoso X Soluções do governo Ernesto Geisel

As causas que motivaram a crise energética no governo Fernando Henrique Cardoso já foram aqui exaustivamente examinadas. Trata-se de uma crise pontual, localizada no Brasil e causada por absurdos erros do governo. As soluções foram buscadas não em termos de um projeto de desenvolvimento estratégico a longo prazo, até porque ele não existia no governo. As soluções foram encaminhadas em caráter emergencial, como aliás indica claramente a denominação do grupo de trabalho ao qual já nos referimos: Câmara de Gestão da Crise de Energia Elétrica, integrado por vários ministros, dirigentes das agências e diversos órgãos governamentais. A própria hierarquização da Câmara demonstra o absoluto esvaziamento promovido pelo governo no Ministério de Minas e Energia na condução do sistema energético nacional: estabeleceu-se uma tamanha bagunça administrativa, com choques de comando entre as agências e delas com o Ministério, que este seria um dos fatores que agravariam a crise. De fato, os dirigentes das agências tinham poderes maiores do que o ministro. Reconhecendo tudo isso, a direção da Câmara não ficou, como seria lógico, com o ministro de Minas e Energia, mas com o ministro-chefe da Casa Civil, Pedro Parente.

Conheci pessoalmente o ministro Pedro Parente desde o período em que ambos integrávamos a equipe do governo Sarney e reconheço nele um dos melhores exemplos egressos da burocracia política brasileira, seja pela indiscutível competência, seja pela dedicação ou honradez. Desafortunadamente, contudo, dentre suas muitas qualidades não se destacavam a vivência e o conhecimento aprofundado da complexa questão energética brasileira, e essa característica seria indispensável a quem quer que fosse definir as saídas estratégicas para a gravíssima crise que a incompetência ou omissão do governo conduzira a nação. E essa carência seria fatal, pois, ao invés de partirmos para soluções que, sem deixar de atender o imediatismo, visassem sobretudo a formulação de um plano que a médio e longo prazos estabelecesse bases sólidas para a geração da energia nacional, saímos extremamente fragilizados e dependentes.

Não caberia aqui detalhar as medidas administrativas da Câmara, a maioria das quais visou paulatinamente atenuar os erros cometidos *pelo verdadeiro Frankestein em que foi transformado o chamado novo modelo energético brasileiro.* É verdade que a existência da Câmara de Gestão da Crise de Energia Elétrica teve pelo menos o mérito de transmitir aquele sentimento que é indispensável a um povo em crise: a sensação de que pelo menos se tinha constituído uma estrutura administrativa habilitada para tomar decisões objetivas. Sob esse aspecto, sua existência foi positiva e no curto prazo foram tomadas algumas medidas coerentes para colocar ordem em um setor vital para o país, cuja estrutura administrativa se encontrava caótica. Seu erro foi ter optado por projetar soluções emergenciais com inegáveis conseqüências para o longo prazo. Faltaram seguramente o bom senso e a humildade essenciais em um momento de crise nacional para se convocarem os melhores talentos técnicos que o país dispunha dentro e, sobretudo, fora do governo, em especial a *intelligentsia* acadêmica para cooperar na formulação de um projeto consistente em termos técnicos e ambientais e plenamente sustentável economicamente, coerente com a competitividade tecnológica nacional. O fato indiscutível é que, diametralmente oposta à condição privilegiada como saímos da gravíssima crise energética da década de 70, dessa vez sairíamos fragilizados em termos econômicos, com menor capacidade de competição no mundo globalizado, dependentes de pesadas importações, seja de equipamentos, seja de combustíveis, e passaríamos a integrar o desastroso *ranking* das nações fortemente poluidoras na produção de energia.

Como seria fastidioso transmitir ao leitor a descrição desses atos administrativos, vamos nos limitar a discriminar abaixo as metas básicas para aumentar a capacidade da potência energética disponível para o sistema.

Para efeito dessa análise e nos baseando nos dados oficiais do Ministério de Minas e Energia, de acordo com o Programa Estratégico de Ampliação da Oferta é prevista a ampliação de uma potência instalada de 30.325 MW entre os anos de 2001 e 2004. Sua distribuição seria basicamente como sintetizado abaixo:

Hidroelétricas (24 unidades)	9.990 MW
Termoelétricas (28 unidades)	13.637 MW
Termoelétricas emergenciais (58 unidades)	2.153 MW
Importação (5 unidades)	2.386 MW
PCHs (66 unidades)	319 MW
Co-geração	708 MW
Eólica	1.050 MW
TOTAL	**30.325 MW**
Linhas de transmissão – Km	**9.250 Km**
Subestações (8)	**6.297 MVA**

Analisando-se o quadro acima não se pode negar que, graças ao trabalho da Câmara de Gestão da Crise de Energia Elétrica, o governo saiu da letargia e elaborou uma alavancagem, ainda que tardia. Numa análise atenta se vê que para quatro anos – é verdade que dois deles ocorrerão no governo do presidente Lula – está previsto um crescimento do potencial elétrico disponível em mais de 40%. É positivo, ademais, que tenha havido, finalmente, a atração do capital privado para o setor de geração nova de energia e investimentos essenciais em linhas de transmissão.

O grave erro cometido, entretanto, que deixará profundas seqüelas futuras, foi a transformação para pior da nossa matriz energética, com a maciça introdução das termoelétricas. Analisando-se os dados expostos percebe-se que enquanto no setor das hidroelétricas a capacidade instalada própria crescerá 9.990 MW, nas termoelétricas (inclusive as onerosíssimas *emergenciais*) ela aumentará 15.873 MW, ou seja, quase 60% a mais do que nas hidroelétricas. Ora, para se dizer o mínimo, isto é uma insânia em um país que ainda dispõe de um inigualável potencial não explorado de 200.000 MW, capaz de gerar uma energia muitíssimo mais barata, ambientalmente limpa e que não implicará em nenhum ônus na nossa balança comercial, nem em termos imediatos nem permanentes. Isto é, a antítese da energia termoelétrica.

Em poucas palavras, a médio e longo prazos faltou uma visão estratégica no enfrentamento da crise, o que, no fundo, é conseqüência direta de um país destituído de uma proposta de desenvolvimento econômico de longo prazo, condição mínima a ser exigida de uma economia da dimensão da brasileira.

Repassemos agora como reagiu um presidente que tinha uma visão de estratégia de médio e longo prazos e um conseqüente plano de desenvolvimento nacional. O Brasil se viu, em função do "choque do petróleo" da década de 70, mergulhado em uma das maiores crises econômicas que envolveu o planeta e que, por conta das nossas particularidades, ameaçava impiedosamente nossa economia. Indo mais adiante, não fora, sobretudo, a notável visão e tino administrativo do presidente Geisel, nosso país poderia ter perdido inexoravelmente o trabalho de décadas e retroagido no tempo.

Como já comentamos, na época da crise o Brasil importava 74% do petróleo consumido e, de repente, o preço do barril do petróleo saltaria de US$ 2,90 para US$ 34, ou seja, aumentando 1.172%, o que resultou num ônus quase insuportável para a economia brasileira.

Como se viu, a essência da sua luta foi aquela de procurar soluções internas, potencializando nossas riquezas naturais, gerando autonomia tecnológica, empregos, não poluindo, não permitindo a desnacionalização do nosso setor, e muito menos criando dependência externa para nossa economia.

Sua estratégia pode ser resumida em três áreas convergentes: *duplicação da nossa potência instalada em hidroelétricas, investimento pesado na exploração de petróleo em águas profundas e, sobretudo, apoio por todos os meios à verdadeira saga brasileira de implantar, através do Pró-Álcool, o maior projeto de energia alternativa da terra.*

Trocando em miúdos: todas as soluções derivadas dos meios utilizados fortaleceram o Brasil e sua base industrial, sendo toda tecnologia desenvolvida pela engenharia brasileira. Em contrapartida, aquelas outras, emanadas da crise do começo do milênio, pontual e mínima, quando comparadas às dimensões do "choque do petróleo" da década de 70, foram no cômputo final negativas para a nossa balança comercial, para o meio ambiente, para a competitividade da indústria nacional e para a economia doméstica das famílias brasileiras.

Mais grave: pela falta de uma visão estratégica de longo prazo para o país, suas seqüelas se farão sentir duramente no futuro da economia nacional pelo acentuado encarecimento do insumo básico do desenvolvimento.

É o que se verá a seguir.

CAPÍTULO VI

Os Desencontros da Privatização

Óbvio que num contexto econômico como o vivido pela economia brasileira, com seu empresariado fragilizado financeiramente, o grande beneficiário da privatização das estatais brasileiras foram as bem capitalizadas empresas transnacionais. Não há como negar que a privatização de estatais de certos setores trouxe inegável avanço à economia brasileira. Por exemplo, não há nenhum fundamento em o Estado manter empresas estatais deficitárias, que anualmente exigem aporte do tesouro nacional. Outro caso é aquele em que há uma grande defasagem tecnológica, sob rígido controle de economias de ponta, que podem investir imensas quantias em pesquisas inalcançáveis para países emergentes. Um bom exemplo disso é o setor das telecomunicações. Sabidamente há nele um íntimo entrelaçamento da avançada eletrônica ao mais sofisticado segmento da informática até às comunicações propriamente ditas, desde as fibras óticas aos modernos satélites. Para atender essa requintada demanda tecnológica, são indispensáveis os mais destacados centros de pesquisas, operados por cientistas padrão prêmio Nobel, e uma montanha de dinheiro, inexistentes no Brasil. Tanto isso é verdade que o setor está em meio a uma concorrência tão acirrada, envolvendo algumas das maiores empresas da terra, que as principais temíveis agências de classificação de risco do mundo, que atribuem notas indicativas do equilíbrio econômico das grandes empresas e dos países – cujas avaliações são uma espécie de bíblia para o supersensível mercado de investidores internacionais – emitem sinais de que as companhias do ramo vivem uma grande crise financeira, vergadas pelo gigantismo dos seus investimentos, proporcionais a seu elevadíssimo endividamento. Em contrapartida, o povo e a competitividade da economia brasileira foram os grandes beneficiários. Nosso sistema telefônico – seja fixo ou celular – tem acompanhado as últimas inovações tecnológicas do mundo, o preço dos aparelhos despencou e a capacidade de comunicação interna do país se multiplicou. Basta checar as conclusões apresentadas durante a Telexpo 2002, o maior evento de telecomunicações da América Latina, realizado em março de 2002, em São Paulo: o número de chamadas telefônicas diárias realizadas no país aumentou 600% nos últimos sete anos. Para ser mais exato, subiu de 103 milhões de ligações-dia para 715 milhões.

Por todos esses aspectos o governo brasileiro agiu corretamente em privatizar o setor das telecomunicações, atraindo algumas das melhores multinacionais. Dispensando-nos aprofundar aqui a análise das lamentáveis denúncias de corrupção divulgadas pela imprensa envolvendo alguns leilões da área, porque desviaria o foco do nosso tema, cabe registrar o enorme avanço que houve na área de telecomunicações, após sua privatização. O grande beneficiário foi o usuário, seja em termos quantitativos, multiplicando-se o número da população que passou a ter acesso ao serviço de telefonia fixa ou celular, seja em termos qualitativos, dispondo dos mais avançados aparelhos telefônicos.

Dentro desse enfoque, há de se assinalar, todavia, que no que diz respeito ao sistema energético brasileiro nenhum dos parâmetros que recomendavam a privatização do setor das comunicações prevalece sob nenhum aspecto. Quanto à capacidade de investimento, as estatais energéticas estavam muito bem capitalizadas, com recursos em caixa e elevada capacidade de contrair novos empréstimos, bastando lembrar que seu endividamento médio é de 10%, enquanto as similares internacionais mantêm nível de endividamento acima de 50%. Com referência ao padrão tecnológico, basta se afirmar que os engenheiros brasileiros são reconhecidos como os melhores do mundo na geração de hidroenergia e implantaram um parque de hidroelétricas no país cujo funcionamento integrado é motivo de admiração das mais avançadas nações. Agora mesmo nossa tecnologia no setor tem subsidiado a China, que constrói a Hidroelétrica Três Gargantas, que será a maior do planeta, desbancando da *pole position* a nossa Itaipu. Por sua vez, nosso parque industrial nos proporciona a quase auto-suficiência, fornecendo pelo menos 90% dos equipamentos necessários. Apenas para termos de comparação, em relação às termoelétricas só produzimos 15% dos equipamentos necessários, sem falar que o gás é majoritariamente importado.

Finalmente, já que temos uma compulsão em copiar a tecnologia dos países do Primeiro Mundo, com ênfase na dos EUA, ainda quando em certos campos ela se revela flagrantemente inadequada à nossa realidade, a privatização do setor não é uma norma geral nos países desenvolvidos. Por exemplo, nas nações do Mercado Comum Europeu, o segmento energético permaneceu em grande parte nas mãos do Estado, por ser considerado de controle estratégico. Mesmo considerando os EUA, catedral do capitalismo liberal (embora livre comércio seja uma prática limitada, cuja abertura total eles recomendam a nações ingênuas como a nossa)* , o sistema é misto, apesar de em sua maioria ser privado. No entanto, no que diz respeito às hidroelétricas, são majoritariamente mantidas sob rígido controle estatal, sendo que algumas chegam a ser administradas pelo próprio exército. E por que essa exceção? Porque eles são conscientes de que os mesmos rios que fornecem águas às hidroelétricas têm uma função bem mais abrangente do que simplesmente gerar energia. Os reservatórios das hidroelétricas devem ser regulados visando outros usos, tão ou mais essenciais: o abastecimento humano e animal, a irrigação, a navegação, a pesca, o turismo, etc. Daí porque mesmo apologistas maiores do funcionamento o mais livre possível do mercado entendem que dificilmente um empresário da área energética poderia conciliar seus interesses privados específicos com o interesse geral da sociedade nos demais setores.

Por último, como já comentado, as multinacionais que vieram investir no Brasil, por omissão – para dizer o mínimo – do Governo Federal, não investiram no setor de nova geração. Preferiram comprar o setor privilegiado das distribuidoras ou, no máximo, adquiriram a preço da banana as geradoras já prontas. É claro que em se colocando do ponto de vista dos investidores compreende-se sua atitude. Ora, se havia um governo suficientemente inconseqüente para, no afã de receber dólares visando apenas a cobertura do déficit primário, aceitar vender suas cobiçadas empresas energéticas a preços irrisórios, por que eles haveriam de investir em novas hidroelétricas equivalentes, que seriam construídas a preços extremamente mais elevados? O racionamento que o Brasil se viu obrigado a enfrentar é apenas um dos ônus que a sociedade brasileira arcará por esse procedimento insano.

Para completar esse quadro de horror, como as estatais energéticas foram senilmente impedidas de investir no período em novas hidroelétricas, embora tivessem recursos próprios para fazê-lo, enquanto as multinacionais

---

* Vide o recente caso dos escandalosos subsídios do aço impostos pelo governo americano, devidamente seguido pela União Européia.

comodamente se recusaram a colocar seu dinheiro em novas gerações, ocorreu a inaceitável crise que nos levou ao racionamento. Nada que qualquer analista de bom senso – e foram inúmeros que advertiram – não pudesse prever. Em resumo, esse racionamento decorre unicamente da falta de investimento em novas fontes de geração energética, bem como em essenciais linhas de transmissão para interligar o Sul-Sudeste, o Norte-Sudeste e o Norte-Nordeste. Por conta dessa última omissão, os excessos energéticos do Sul e Norte, decorrentes da sobra de água, não puderam na crise socorrer devidamente o Sudeste e Nordeste, mergulhados na escassez de energia. Mergulhamos, por conseguinte, em uma crise prévia e amplamente anunciada.

Daí o governo atribuir a culpa a São Pedro, em função da ausência de chuvas, foi uma blasfêmia contra o venerando santo, que zelosamente cuida das chaves do céu. Afinal, não se pode atribuir ao bom velhinho a incompetência absoluta ou a extrema má-fé do governo brasileiro.

A ingenuidade presidencial

Impressiona-me, mais uma vez, constatar como os palácios governamentais costumam isolar seus ocupantes, afastando-os da realidade do dia-a-dia da população, a ponto de levar um personagem da cultura e da vivência do sociólogo Fernando Henrique Cardoso a ignorar a realidade da nação brasileira, por não ter sabido interpretar dados que indicavam nossos rumos em direção a uma crise irreversível. Chegando até a se dizer "pego de surpresa" por ela.

Aceitando essa tese reveladora de sua surpreendente "ingenuidade", não prevaleceria a versão divulgada por diferentes analistas, segundo a qual Sua Excelência estava plenamente consciente dos riscos, tendo temerariamente preferido apostar em chuvas suficientes nos dois anos finais de sua gestão; ou seja, a crise explodiria no colo do seu sucessor.

O certo é que prevaleceu no comportamento desses cavalheiros a submissão a um modelo dogmático que prega a absoluta sapiência do mercado, num extremismo preconceituoso, semelhante ao vigente nos primórdios do liberalismo no século XIX, que abominava toda e qualquer participação do estado na economia. Por conta disso, as empresas estatais energéticas ficaram proibidas de investir em novos empreendimentos na área, mesmo tendo amplos recursos disponíveis, reservando à iniciativa privada a exclusividade de investir no setor. Há tempos esse conceito de liberalismo exacerbado evoluiu para o social liberalismo, conforme praticado com tanto êxito na Espanha pelo Partido Popular, que respeita a existência do estado em setores essenciais. Produção energética é, naturalmente, um desses. Tanto que mesmo sem insistir no exemplo da Europa, onde a geração de energia é confiada às estatais, vale lembrar que até mesmo o país que mais apregoa a força das leis do mercado na economia, os EUA, têm no *Tenessee Valley* um modelo exitoso de intervenção estatal na geração e distribuição da energia. Ocorreu, contudo, de modo inesperado, que nossos geniais "aprendizes de feiticeiro" erraram até mesmo na operacionalização dos seus conceitos. Isto é, no extremo, conduziram o setor energético a repercutir negativamente na condição do próprio déficit primário, ao gerar perdas na balança comercial, seja a curto prazo, na importação dos equipamentos das emergenciais termoelétricas, seja a longo prazo na permanente compra do gás para mantê-las funcionando. Basta lembrar que só para operacionalizar as termoelétricas projetadas, a importação de gás chegará à ordem de US$ 500 milhões anualmente, sem falar na compra dos equipamentos das termoelétricas, quase 90% adquiridos do exterior. Ou seja, o resumo da ópera é que o tiro saiu pela culatra, já que, como apontamos, de um lado as empresas estatais estavam proibidas de investir e do outro, os investidores se recusaram a aplicar seu capital em novas geradoras. Do impasse resultou a debacle do sistema na área de geração e transmissão e, em conseqüência, a opção por soluções emergenciais, o que, por sua vez, resultou em pesado ônus no crescimento do próprio déficit primário, cuja proteção paradoxalmente fora o pretexto para uma política tão desastrosa para o nosso sistema energético.

Outras soluções possíveis

Nada justifica, portanto, se haver chegado ao extremo de ocorrer racionamento e risco de apagões no país dono da maior reserva hidroelétrica do mundo, que produz a energia menos poluente e mais barata entre todas as demais. Basta lembrar que apenas o potencial devidamente identificado na região Amazônica seria o suficiente para praticamente dobrar nossa capacidade energética. Para ficar apenas em um exemplo, parece-me oportuno fazer alguns comentários sobre um projeto que conheço bem: o da Hidroelétrica Belo Monte, localizado no rio Xingu.

Como já tive a oportunidade de comentar, na época em que desempenhei o cargo de ministro do Interior, na condição de responsável pela área indígena e pelo meio ambiente nacional, vivi um momento ímpar por ocasião da Constituinte. Tive a oportunidade de constatar pessoalmente que, diferente do que pensa a maioria dos formadores de opinião do país, a ambição de grande parte dos países do Primeiro Mundo, com ênfase nos EUA, sobre nossa Amazônia é fato incontestável e só não é escancaradamente ostensiva nos dias atuais, talvez, por não ser uma atitude "politicamente correta". Mas havendo um pretexto que "doure" seu discurso, seus interesses afloram com enorme força. Foi o que aconteceu durante a fase da Constituinte. O pano de fundo do qual aquelas poderosas nações se valiam era a suposta "defesa" do meio ambiente e do nosso índio, quando na realidade ambicionavam assumir o controle das incomensuráveis riquezas potenciais que lá existem. Uma delas é o fabuloso potencial hidroelétrico e o objetivo manifesto dos Estados Unidos, Europa e Japão – já que não conseguiram se apossar dela – consiste em impedir que o Brasil dele se aproveite, alcançando um inestimável trunfo na competitividade entre as nações, seja na exploração hidroenergética, seja no seu fantástico potencial biogenético, mineral, etc. Ora, considerando a preocupante crise energética atual vivida pelo mundo moderno e a consciência de que a maior crise da humanidade, no século que se inicia, é a galopante falta de água, e sabedores de que nossa Amazônia detém a maior reserva hídrica do planeta, é válido se deduzir que esse sentimento só fez crescer de lá para cá. Com segurança posso falar das pressões que eles faziam ante as instituições internacionais de crédito, principalmente no que dizia respeito ao BID e ao BIRD, para que não concedessem empréstimos para projetos na selva amazônica. Disfarçavam suas notórias ambições por trás de discursos humanitários, alegando seu temor pelas conseqüências da inundação da floresta pelo lago da hidroelétrica e diziam estar procurando evitar o deslocamento dos índios, ainda que fosse para uma área vizinha. Embora o setor energético não fosse do nosso Ministério, quando a hidroelétrica se situava na selva cabia a mim, pelo menos na fase tumultuada da Constituinte, a responsabilidade de encaminhar a discussão junto ao BID e BIRD sobre os impactos no meio ambiente e suas conseqüências para as áreas indígenas* . Por conta disso, fui obrigado a me assenhorar de todos os detalhes do nosso potencial hidroenergético na Amazônia, tendo acesso a todos os estudos de projetos ou projeções desenvolvidos pela Eletronorte. Dentre esses, sem sombra de dúvidas, a grande estrela era a Hidroelétrica Kararaô, hoje conhecida por Belo Monte, obra excepcional por todos os ângulos: seria a segunda hidroelétrica do mundo, gerando 11.000 MW, pouco menos do que a de Itaipu; diferentemente todavia de Itaipu, que gera 12600 MW, mas apenas metade é do Brasil, Belo Monte ficará toda em território nacional; seu custo de implantação é baixo relativamente às suas proporções; e, por fim, produzirá um dos KW mais baratos comparativamente às demais hidroelétricas do país. Ainda me recordo que, pela vantagem rara de seu espelho d'água ocupar uma área pequena em relação à sua notável produção energética, só teríamos que deslocar 280 índios. Só para comparar, a barragem de Sobradinho obrigou o deslocamento de 40.000 nordestinos, exigindo uma verdadeira estratégia de guerra e uma delicada obra de engenharia humana. Sem falar que a hidroelétrica Três Gargantas, em construção na China, exigirá o deslocamento de dois milhões de chineses! Pois bem, apesar de todos esses ingredientes favoráveis, quando procurei abordar a respeito técnicos amigos do Banco Mundial e do BID, ainda que a título apenas informal, já que dispúnhamos apenas de um estudo preliminar do empreendimento, seu veemente conselho foi de que devíamos nos esquecer daquele projeto. Segundo eles me transmitiram, não haveria a mínima condição de ser aprovado, já que os EUA, na condição de maior doador dos dois bancos de desenvolvimento, vetariam *in limine* um projeto na nossa floresta, quaisquer que fossem suas vantagens, posição essa que seria seguida pelos demais países do Primeiro Mundo. Contexto aliás perfeitamente previsível, porque eram essas nações que mobilizavam o ativo "lobby" pela conquista da Amazônia, sob o falso argumento de ser essa floresta o "pulmão do mundo" e, portanto, toda alteração nela afetaria toda a humanidade. É uma verdadeira mistificação científica esta tese de "pulmão do mundo" que os países desenvolvidos tentam vender com o apoio dos seus poderosos veículos de comunicação, além de contarem

* Dentre as aberrações que nos pressionaram a aceitar estaria a introdução do conceito de "nação indígena" para as nossas tribos. Seria, claro, o primeiro passo para futuras "emancipações" destas nações, que certamente seriam de pronto reconhecidas por eles.

com a participação dos mais variados tipos de ONGs vinculadas ao meio ambiente – muitas delas a serviço explícito (embora camufladas como "missões religiosas", por exemplo) dos interesses daqueles países e outras, embora idealistas, agindo como inocentes úteis. De acordo com essa teoria, tão levianamente citada por alguns incautos, nossa floresta garantiria o "equilíbrio climático" do planeta.

Essa tese, tão polêmica quanto inconseqüente, é totalmente destituída de fundamento científico, já que por se tratar de uma floresta antiga a Amazônia libera gás carbônico na mesma proporção que absorve oxigênio. Ao contrário do que ocorre com as florestas jovens, que sabidamente têm impacto positivo sobre o clima e, portanto, seu desmatamento desencadearia efeitos prejudiciais. É claro que se nós brasileiros sabemos disso, muito mais o sabem os países do Primeiro Mundo, que sediam os mais avançados centros de pesquisas ambientais do planeta, mas se trata de uma tese conveniente para encobrir suas ambições imperialistas.

Ainda sobre o clima hostil que o Brasil enfrentava àquela época, é ilustrativo narrar um episódio. Como a possibilidade de se construir aquela hidroelétrica vazou para imprensa, fui algumas vezes questionado sobre o assunto por jornalistas. Certa vez, em visita aos Estados Unidos, fui entrevistado por um jornalista do *Washington Post* sobre o recorrente tema ambiental e veio à baila o projeto da Kararaô. Diante dos meus argumentos de que a área a ser ocupada pelo lago da hidroelétrica era pequena em termos relativos, e o número de índios deslocados para uma área vizinha seria insignificante, ele me contestou dizendo que os brasileiros não tinham o mínimo direito de deslocar um só indígena, já que eles já eram donos da terra antes de os primeiros portugueses desembarcarem no Brasil. No ato lhe respondi que, se esse raciocínio valesse, os pioneiros ingleses que chegaram nos EUA ainda estariam no litoral e o resto do seu país devidamente ocupado pelos sioux, cheyenes, apaches, etc... Enfim, essa era a realidade daqueles tempos difíceis.

Todavia, as notícias hoje sobre a obra são excepcionalmente melhores. Em mais uma prova da extrema capacidade dos engenheiros barrageiros brasileiros, eles recentemente alcançaram excepcionais avanços na concepção do projeto. Dentre eles, conseguiram viabilizar a obra em uma cota muito inferior, o que resultou numa redução do espelho d'água do lago para 1/3 da área anteriormente prevista, passando para apenas 400 km^2, daí não havendo mais necessidade de deslocamento de nenhuma área indígena. Logo, com isso estão superados os discursos hipócritas dos órgãos de financiamento internacional, que alegavam o deslocamento dos índios como principal impedimento para conceder financiamento para a obra.

Por fim, embora seu custo atualizado, envolvendo sua construção e suas extensas linhas de transmissão, alcance hoje um montante de aproximadamente US$ 5,5 bilhões, está bem abaixo de outras do gênero no Brasil e no resto do mundo.

Sobra de recursos X Falta de bom senso

Detive-me na análise do Projeto da Hidroelétrica de Belo Monte, porquanto estou certo de que, se houvesse um mínimo bom senso do governo FHC, ela poderia ter tido um papel importante, a curto prazo, na superação dessa difícil fase de escassez energética. Com efeito, tão logo o governo de Fernando Henrique recebeu as primeiras advertências da grave crise que se avizinhava, no começo do primeiro mandato, deveria ter priorizado sua construção imediatamente. Recursos disponíveis existiam, o que houve mesmo foi falta de decisão política mínima para operacionalizá-los. Senão, vejamos: o investimento total previsto para sua plena execução, estimado em R$ 15 bilhões, poderia ter sido facilmente coberto, ao longo dos últimos seis anos, através dos recursos próprios da Eletrobrás, ou melhor, com a parceria de empresários e, eventualmente, dispondo de financiamentos sem maiores sacrifícios, já que os índices de endividamento da estatal energética são irrisórios. Ou seja, a esta altura, já estaria prestes a entrar em operação.

Fica, portanto, evidente uma conclusão: não faltam recursos, projetos ou diferentes alternativas para gerar energia abundante. O que faltou mesmo foi competência do governo FHC...

Antes de finalizar, permita-me o leitor uma pequena reflexão que demonstrará mais uma vez que só contando com incrível inapetência e irresponsabilidade do governo FHC se pôde chegar à grave situação de crise energética. Analisemos alguns dados simples. Segundo as regras impostas pelo racionamento da poderosa Câmara de Gestão da Crise de Energia (CGE), os brasileiros tiveram que economizar 20% no total dos KW gastos na média dos meses de maio, junho e julho de 2000. Por esse raciocínio se conclui que se o sistema energético nacional tivesse contado com 20% a mais do total do seu parque energético instalado, não teria havido crise. Por outro lado, como o total da capacidade hidroelétrica instalada no país é de 65.000 MW, 20% desse total corresponderia a aproximadamente 13.000 MW. Daí porque fica demonstrado, de modo incontestável, que se houvesse sido construída a Hidroelétrica Belo Monte, com a geração de 11.000 MW, praticamente não teria havido a crise energética, que resultou em queda no PIB, solução emergencial onerosa, desemprego e profundo desconforto para a população brasileira.

Note-se que nos cálculos acima há uma enorme margem de segurança. Sabe-se que enquanto o Sudeste, o Centro-Oeste e o Nordeste estavam submetidos ao draconiano racionamento, o Sul e o Norte tinham sobras de energia, que teria que ser abatida dos 13.000 MW considerados nos cálculos. Por exemplo, apenas com um linhão adicional, a partir da Hidroelétrica Tucuruí, poderiam ter sido ser acrescentados mais 1.000 MW ao complexo elétrico do Sudeste. Isto para não falar que poderia ter sido acelerada a duplicação de Tucuruí, antecipando-se pelo menos em um ano a conclusão de suas obras, hoje previstas para 2003. A partir dela, serão gerados mais 4.245 MW.

É verdade que depois de todo o desastre ocorrido com a crise energética, o governo, através da CGE, despertou para a potencialidade excepcional dessas duas obras – a construção da hidroelétrica Belo Monte e a antecipação do cronograma de obras da Tucuruí. Óbvio, entretanto, que se a essa conclusão elementar houvesse chegado logo no início o governo do presidente Fernando Henrique Cardoso e as estatais energéticas tivessem continuado normalmente seus investimentos hidroenergéticos, seja com recursos próprios, seja com parceria ou com empréstimos compatíveis com seu baixo endividamento, nenhuma crise teria ocorrido, com sua imensa seqüela de danos. Mais ainda, não teríamos apelado para soluções extravagantes e absurdas como as termoelétricas, que onerarão nossa balança comercial, agravarão o famoso déficit primário e nos tornarão consideráveis poluidores da natureza. Em qualquer circunstância, porém, termoelétricas jamais deveriam ser usadas nas proporções acatadas pelo governo, já que, como comentaremos no próximo capítulo, o Brasil é o país potencialmente mais rico da terra em energia alternativa não-poluente.

CAPÍTULO VII

BRASIL: A ARÁBIA SAUDITA DA ENERGIA RENOVÁVEL

De tudo que eu pude estudar, ao longo desses últimos 22 meses em que me debrucei sobre esse tema fascinante que são as fontes energéticas, objetivando a elaboração desse livro, concluo com uma certeza: nenhum país está mais aparelhado do que o Brasil para se transformar no país líder do mundo na produção da energia no século XXI. Refiro-me aqui àquela fonte de energia ideal sonhada pelo mundo moderno: renovável, abundante e absolutamente não-poluente. Sim, o leitor não se equivocou ao ler minha afirmação: não estou dizendo apenas que nosso país pode ser inteiramente independente em termos energéticos, mas se transformar na nova Arábia Saudita do futuro próximo. Só que, ao invés de produzir uma energia de origem fóssil, cuja poluição ameaça o mundo com danos terríveis, tais como as chuvas ácidas e, sobretudo, o efeito-estufa, será uma energia barata, pura e permanentemente renovável.

Sonho? É o que veremos quando analisarmos friamente o incomensurável potencial brasileiro com a biomassa. Não se trata de uma visão meramente romântica, mas de uma pessoa dotada de visão pragmática, acostumada a dirigir projetos administrativos complexos e, por formação, cultor das ciências exatas.

A análise dos elementos que me levaram a essa conclusão, e que procurarei sintetizar aqui, não é baseada em *wishful thinking* ou em sonhos deslocados da realidade, mas decorrente de dados científicos e do frio exame de dados econômicos.

Antes, porém, de mergulhar mais a fundo na questão do imenso potencial da biomassa, devo procurar apresentar uma visão geral sobre as principais alternativas energéticas hoje disponíveis e nas quais os governos das nações líderes do planeta investem pesadamente, seja em vigoroso apoio nas pesquisas científicas, seja em generosos subsídios para suas indústrias.

Fugiria ao escopo desse livro me aprofundar tecnicamente nos programas de energia renovável ora levados a efeito em vários países adiantados e, em especial, a nível nacional. Parece-me, entretanto, que não estaria cumprindo o papel a que me propus ao elaborar esse trabalho – objetivando proporcionar uma visão geral dos caminhos viáveis para o Brasil traçar uma política energética inteligente, competitiva, autônoma e não-poluente – se deixasse de abordar, pelo menos em termos de informações gerais, o que ocorre no gênero no mundo moderno. Dentro desse espírito abordarei o tema, sem me deter em questões tecnicistas, embora sem omitir seu estágio tecnológico, examinando cuidadosamente sua viabilidade econômica e suas repercussões ecológicas.

Antes de encerrar essa introdução a um tema que se tornou hoje, até mesmo por razões estratégicas, ponto de convergência de investimentos bilionários em todo o planeta, permita-me o leitor fazer mais uma colocação preliminar. Quanto mais analisava a multiplicidade de alternativas de energia renovável – especialmente o imensurável potencial nacional da biomassa – mais me convencia da insânia do programa energético do último governo, que culminou com as insensatas medidas emergenciais para enfrentar a crise.

Em um trabalho rigorosamente científico publicado pela conceituadíssima USP – Universidade de São Paulo, através do Programa Interunidades de Pós-Graduação em Energia, assinado pelos respeitados mestres Cláudio Paiva de Paula e Ildo Sauer, demonstra-se que mesmo considerando as circunstâncias do necessário enfrentamento de uma crise energética gerada pela incompetência governamental, *só seria necessária a instalação de no máximo 13% das termoelétricas em construção no país.* Ou, trocando em miúdos: além dos danos vivenciados por toda a sociedade brasileira com uma crise de energia perfeitamente evitável, o pior serão as seqüelas futuras da mesma crise, que além dos danos financeiros aos bolsos dos cidadãos, do prejuízo da competitividade industrial, ainda nos inserirão no rol das nações poluentes do mundo. Dito de outra forma: se o governo FHC tivesse tido o bom senso de levar a efeito uma política inteligente de investimento em energias renováveis, a exemplo do que foi feito na década de 70, evitaria que as termoelétricas se tornassem elefantes brancos, inúteis, caros e poluentes. Tudo construído promovendo um ônus cruel para a sociedade brasileira...

ENERGIA SOLAR

O sol é indubitavelmente a fonte de energia inesgotável da terra. Funciona como um imenso reator a promover uma permanente fusão termonuclear, fundindo átomos de hidrogênio e produzindo hélio.

Grande parte das fontes de energia conhecidas – solar, biomassa, eólica, combustíveis fósseis e hidroelétrica – decorre direta ou indiretamente do sol. Sendo isso um fato incontestável a nível mundial, torna-se tanto mais significativo para o Brasil, que ocupa o segundo lugar no planeta quanto à energia incidente. Como exceção das fontes energéticas dependentes do sol, destacam-se a energia nuclear, a geotérmica e a energia das marés. Por outro lado, há de se considerar que, dentre as fontes energéticas, a dos combustíveis fósseis e a nuclear são consideradas não-renováveis e poluentes, por gerarem resíduos agressores ao meio ambiente. As demais relacionadas são renováveis e limpas, por não produzirem resíduos prejudiciais impactantes ao meio ambiente, nem consumirem combustíveis. Desafortunadamente, fontes de energia renováveis ainda têm uma participação inexpressiva na matriz energética nacional, sendo imperiosa a reversão desse quadro.

Energia Solar Fototérmica

O mais notório método de aproveitamento da energia solar, operado há séculos pelos agricultores, é o baseado no efeito-estufa. Tudo ocorre pelo fato de que o vidro é transparente à luz solar, sendo igualmente um bom isolante térmico. Sendo o teto e as paredes das estufas revestidas de vidro, a luz pode penetrar normalmente, ao tempo em que é absorvida pelas plantas. Claro que essa energia é irradiada novamente, porém como o faz a partir de uma fonte com temperatura bem abaixo da do sol, não pode passar da estufa livremente. Desse modo, o ambiente interno é aquecido a 50° ou 60°C, ainda que o exterior tenha baixa temperatura.

Estudando-se esse fenômeno, fundamentados no mesmo princípio é que foram concebidos os coletores planos para o aquecimento de água em residências ou em indústrias, através da conversão térmica pura e simples.

No aproveitamento, portanto, da energia solar fototérmica, os equipamentos mais utilizados para captar e armazenar esta energia são os coletores solares. São amplamente usados para o aquecimento da água em residências, indústrias, hotéis, etc.

Demonstra-se que um equipamento desse gênero economiza em um ano, aproximadamente, 80% da energia que seria necessária para garantir igual aquecimento por meio de eletricidade.

Energia Solar Fotovoltaica

A chamada conversão fotovoltaica consiste na transformação direta da energia solar em eletricidade.

O chamado efeito fotovoltaico já é conhecido há mais de um século e meio, quando Edmond Becquerel, em 1839, o descobriu. No entanto, somente após mais de 100 anos, em 1956, com o desenvolvimento da microeletrônica, é que se iniciaria seu aproveitamento industrial.

Duas partes são essenciais ao sistema: a célula solar e a bateria. A célula solar localizada no módulo é o instrumento mais importante de todo o sistema, por ser responsável pela conversão da energia solar em energia elétrica. Quanto às baterias, são as responsáveis pelo armazenamento da energia gerada.

Esse é um sistema amplamente utilizado na eletrificação rural em residências, escolas, etc, quando longe da rede elétrica convencional.

Um dos seus usos mais bem-sucedidos se dá no bombeamento de água, proveniente de poços, rios, lagos, etc. O objetivo final dessa água pode ser para o consumo humano, animal ou irrigação. Ultimamente tem sido amplamente utilizado no sertão nordestino para resolver uma questão crucial: a dessalinização de águas de poços artesianos com elevado grau de salinidade e, portanto, impróprios para o consumo humano.

Até anos recentes poços com água dessa natureza eram pouco aproveitados; hoje, a situação é bem diferente, graças ao emprego de dessalinizadores cada vez mais eficientes, movidos a energia solar. Hoje começa-se a operar um complexo interessante: a água é captada de poços, bombeada graças à energia solar, que, por sua vez, também opera os dessalinizadores. No início surgiu um problema: o que fazer do sal gerado como subproduto. Atualmente já se incentivam os pequenos agricultores a utilizá-los em viveiros (abastecidos por água do poço) para implantar uma pequena piscicultura baseada na tilápia, peixe que sobrevive bem em águas salinizadas. Desse modo se acrescenta à renda do agricultor uma atividade rentável.

Compete assinalar, por fim, que o uso da energia solar, se é ideal para fins específicos, conforme aqui descritos, além de seus excelentes efeitos em termos ambientais, ainda não é competitivo economicamente para aproveitamento em larga escala. Convém, entretanto, considerar que vários países, dentre os quais os EUA, Alemanha e Japão, têm lançado grandes programas governamentais concedendo vigorosos subsídios às instalações de centrais fotovoltaicas e seus custos têm decrescido de forma acelerada nos últimos anos.

ENERGIA EÓLICA

A energia eólica é gerada, por igual, pela radiação solar em função do aquecimento não uniforme da superfície da terra. Calcula-se que aproximadamente 2% da energia solar absorvida pelo nosso planeta transformam-se em energia cinética dos ventos. Para que não se cometa o equívoco de se imaginar que se trata de um percentual pequeno, a energia resultante representa centenas de vezes a potência anual instalada em todas as usinas elétricas do mundo. Esse cálculo por si só dá uma idéia do poder energético transmitido pelo sol à terra e quão distante ainda está a ciência humana de poder potencializá-la plenamente a seu favor.

As primeiras notícias oficiais do emprego da energia eólica para o bombeamento da água e moagem de grãos por intermédio de cataventos remontam ao Império Persa, 200 a.C.. Há referências, entretanto, que levam a crer que, bem antes da Pérsia, o Império Babilônio e a China já utilizavam cataventos para irrigação. Quanto ao Ocidente, sua utilização ampla se deu mais de um milênio após, passando os cataventos a terem seu uso disseminado na Europa há 900 anos. Sem sombra de dúvidas que os moinhos de vento de eixo horizontal, no continente europeu a partir do século XII, exerceram uma enorme influência na economia agrícola. Progressivamente foram implementadas diversas melhorias no seu funcionamento, desde o desenvolvimento tecnológico das pás, sistemas de controles, eixos, etc, o que resultou na otimização das mais variadas atividades utilizando a força motriz dos ventos.

Com o surgimento da máquina a vapor, durante a Revolução Industrial nos últimos anos do século XIX, promoveu-se um forte impacto no setor, com um considerável declínio no uso da energia eólica. Esse declínio seria constante nas décadas seguintes, salvo ações isolados como na Holanda, na década de 20 do século passado, quando foi criada a sociedade holandesa para conservação, aperfeiçoamento de desempenho e utilização mais consistente dos moinhos.

Avanço Tecnológico de Turbinas Eólicas

Nessas últimas décadas, todavia, houve uma completa reversão de atitude e dois fatores foram essenciais para um notável avanço tecnológico no uso de energia eólica: a instabilidade econômica gerada pela dependência excessiva do emprego do petróleo e, mais recentemente, a preocupação ecológica. De fato, a partir da década de 70 ficou claro o risco de uma civilização cuja economia se baseava no uso do petróleo sob controle de um número restrito de países, a maioria dos quais localizada em área de grande insegurança política. Por outro lado, se acentuou a consciência ambiental.

Na busca de alternativas renováveis, a energia eólica foi aquela em que se alcançou maior sucesso, com uma verdadeira revolução tecnológica no setor. Por exemplo, os mais avançados princípios da engenharia aeronáutica são aplicados nas modernas turbinas de torres tubulares. Para se alcançar a otimização do processo de conversão do movimento do ar em energia elétrica, investe-se cuidadosamente no *design* das pás da hélice, com cada pá se aproximando das formas das asas de um avião. De igual modo as pás dispõem de freios aerodinâmicos nas pontas, que são acionados na hipótese de excesso de vento, velocidade superior a 20m/s, raios ou turbulências. A geração de energia elétrica por meio da energia eólica se dá por meio de turbinas eólicas, denominadas aerogeradores.

Os aerogeradores de grande porte são estruturas complexas, com pás de até 35 metros de comprimento, instaladas em torres metálicas treliçadas ou tubulares. O complexo energético pode alcançar a altura de um edifício de 25 andares. Dispondo-se de ventos suficientes, os aeradores podem ser implantados em enormes fazendas eólicas integradas num conjunto superior a 100 máquinas ligadas diretamente à rede.

Tive a oportunidade de visitar uma dessas fazendas na região de Tarifa, na Espanha, um dos melhores locais de ventos da Europa. A propósito, a mais importante fase do levantamento de viabilidade técnico-econômica de um projeto de sistemas eólico de uma determinada região é o levantamento cuidadoso da intensidade e constância dos ventos. Outros aspectos na região visada é o levantamento da rugosidade do terreno, isto é, tipo de vegetação, uso do solo, a presença de morros que podem aumentar ou desacelerar o fluxo de ar.

Pesados investimentos em pesquisas em energia eólica e sua grande expansão têm promovido uma progressiva redução de preços. Outro aspecto destacável é a otimização crescente da produtividade e competitividade do setor, com turbinas com potência instalada maior e preços menores.

Impacto Ambiental

Nesses últimos anos, pelo menos em relação à Europa as preocupações ambientais quanto à geração energética chegam a superar as considerações econômicas, não obstante sua relevante importância. Das questões ambientais, aquela que mais angustia a humanidade é o controle do dióxido de carbono, principal causador do efeito-estufa, responsável maior pela ameaça crescente da mudança climática da terra, com todas as suas seqüelas devastadoras. Nesse contexto, a moderna tecnologia eólica tem um balanço energético extremamente favorável. Ou seja, as emissões promovidas durante o processo de sua fabricação, instalação e serviço, ao longo de todo o ciclo de vida do aerogerador, são plenamente recuperadas após três a seis meses de fabricação. A mais destacada vantagem oferecida pela energia eólica em relação ao meio ambiente consiste no aspecto fundamental de que ela não polui durante sua operação. Só para termos de comparação, uma turbina de 600 KW implantada em uma região dotada de bons ventos poderá evitar a emissão de 20.000 a 36.000 toneladas de CO_2, equivalente à geração convencional por termoelétricas ao longo de seus 20 anos de vida útil.

Energia eólica no mundo

A energia eólica é sem dúvidas aquela que mais cresce no mundo. Num primeiro momento do impulso tecnológico do século passado imaginava-se que a energia solar seria aquela que alcançaria mais sucesso, mas os fatos vieram a desmentir essa expectativa. Com efeito, conforme aqui já comentado, a energia solar para uso em larga escala ainda não se revelou bem-sucedida em termos de competitividade econômica. Outra opção extraordinária que se apresentava promissora, a biomassa, só alcançou um sucesso formidável no Brasil com o Pró-Álcool, ainda não atingindo considerável êxito no resto do mundo. Na minha avaliação, entretanto, o seu papel no Brasil – a maior de todas as nações tropicais da terra – se afigura insuperável, conforme comentaremos na análise a respeito. Sem sombra de dúvidas, aos países tropicais deverá estar reservado o sucesso pleno no aproveitamento da biomassa, de acordo com o que trataremos adiante. Com efeito, é de se lamentar a interrupção das pesquisas desenvolvidas no país não apenas em relação ao Pró-Álcool, como ao Pró-Óleo durante a década de 70, além do fato de ainda não termos desenvolvido o Pró-Cana, como analisaremos à frente.

No entanto, considerando que nessas últimas duas décadas as principais pesquisas na busca de alternativa energética renovável ocorreram nos países de clima temperados e como a exploração de biomassa não lhes é favorável – já que para viabilizar energia a partir da biomassa se exige excesso de terras agricultáveis, água abundante e muito sol – dentre suas prioridades a energia eólica seguramente se revelou a mais bem-sucedida.

Os países mais adiantados na geração da energia eólica são a Alemanha, EUA e Dinamarca.

Na Califórnia, existe uma usina privada que, isoladamente, opera 16 mil turbinas, gerando 1,5 bilhão de KWh, correspondente ao consumo total de São Francisco, uma das maiores cidades norte-americanas.

Na Alemanha, em 1998 existiam em operação 5.631 máquinas eólicas, com uma potência global de 2.389 MW. Segundo as previsões oficiais, até 2.005 serão instaladas mais 5.000 MW, ou seja, metade do que a Chesf gera no Nordeste brasileiro, cuja implantação demandou meio século.

A seguir, vejamos uma tabela que discrimina o uso da energia eólica em várias regiões do planeta. Pela tabela se percebe que só a Europa já conta com uma potência instalada equivalente à gerada em Itaipu, a maior hidroelétrica do mundo.

Panorama Mundial do Uso da Energia Eólica para Produção de Energia Elétrica

PAÍS	POTÊNCIA INSTALADA EM 1997(MW)	POTÊNCIA TOTAL INSTALADA ATÉ 1997 (MW)	POTÊNCIA TOTAL REVISTA PARA 2002 (MW)
EUA	29	1.500	2.886
CANADÁ	4	25	395
AMÉRICA CENTRAL E AMÉRICA DO SUL	10	44	494
TOTAL NAS AMÉRICAS	**43**	**4.689**	**3.775**
DINAMARCA	285	1.116	2.091
FINLÂNDIA	5	12	67
FRANÇA	8	13	303
ALEMANHA	533	2.081	4.181
GRÉCIA	0	29	249
IRLANDA	42	53	268
ITÁLIA	33	103	603
HOLANDA	44	393	729
PORTUGAL	20	39	109
ESPANHA	262	512	1.812
SUÉCIA	19	122	602
REINO UNIDO	55	328	978
OUTROS PAÍSES EUROPEUS	13	58	458
TOTAL DOS PAÍSES DA EUROPA	**1.318**	**4.794**	**12.449**
CHINA	67	146	896
ÍNDIA	120	940	1.940
OUTROS PAÍSES ASIÁTICOS	8	21	221
TOTAL DOS PAÍSES DA ÁSIA	**195**	**1.107**	**3.057**
AUSTRÁLIA + NOVA ZELÂNDIA	1	8	118
NORTE DA ÁFRICA	0	9	334
MEIO OESTE	8	18	168
GOLFO	1	19	219
OUTROS PAÍSES	0	3	163
TOTAL DOS PAÍSES...	**10**	**56**	**1.001**
TOTAL	**1.566**	**7.836**	**20.281**

Em nosso país o uso da energia eólica ainda é inexpressivo. Até pouco tempo atrás, a energia eólica era conhecida tão somente pelo bombeamento de água através dos tradicionais cataventos. Ultimamente tem sido empregada em pequenas comunidades distantes, visando completar a geração por grupo de geradores diesel. A vantagem desses sistemas híbridos, integrados pelo gerador diesel e turbinas eólicas, é a economia do combustível diesel.

No entanto, a tendência é essa situação sofrer grandes transformações nos próximos anos, já que o Brasil tem um potencial eólico muito bom, a ponto de estar atraindo a atenção de vários investidores americanos e europeus.

Recentemente foi inaugurada no Ceará uma grande fábrica do ramo, a Wobben Windpower Indústria e Comércio Ltda., subsidiária brasileira da Enercon Gmbh da Alemanha, uma das líderes mundiais de conversores para energia eólica, considerando o notável potencial do setor, que tem a região nordestina como a mais promissora do país.

Segundo se calcula, o potencial eólico do Nordeste atinge mais de 20.000 MW, o que significa praticamente tudo que está implantado no setor em todos os países da terra. Ou, fazendo outra comparação, significaria o dobro de toda a potência instalada no Nordeste brasileiro.

Um dos melhores exemplos do Brasil é o projeto híbrido eólico diesel que abastece a Ilha de Fernando de Noronha, até pouco tempo abastecida por térmica movida a diesel. O termogerador implantado gera 75 KW, dispondo de uma torre com 23m de altura, com hélices de 17m de diâmetro.

ENERGIA DA BIOMASSA

De modo idêntico ao que ocorre nas energias solar e eólica, a energia da biomassa é gerada diretamente pelo sol, o grande reator a fusão nuclear da terra. Essa energia torna-se disponível através da sua captação e armazenamento sob forma química nos carboidratos – biomassa (açúcares, amidos, óleos vegetais, celulose), graças à fotossíntese das plantas.

O sol também é responsável pelos combustíveis fósseis (petróleo inclusive), que são os hidrocarbonetos. A diferença básica é que esses levam centenas de milhões de anos para se formar, não sendo, por conseqüência, renováveis. Ao contrário da biomassa. Segundo o grande químico Sebastião Simões Filho, "nossa vocação não é a dos combustíveis fósseis, dos hidrocarbonetos, mas estamos predestinados à construção da Civilização dos hidratos de Carbono", ou, como sintetizou o físico Bautista Vidal, "os fósseis são o capital que se formou em eras geológicas e a biomassa e seus derivados os dividendos da radiação solar".

Traduzindo em poucas palavras, os combustíveis originados da biomassa são renovados permanentemente pela captação da radiação solar, devido à fotossíntese dos vegetais, notáveis coletores naturais.

Analisando-se o modo como é gerada a energia da biomassa, percebe-se que ela depende basicamente de farta radiação solar, água abundante e ampla disponibilidade de terras agricultáveis.

Ora, basta se falar nisso para se intuir que esse é um figurino perfeito para o Brasil, a maior nação tropical do mundo. Quando se fala em água, basta lembrar que nosso país detém 12% de todos os recursos hídricos do planeta, sendo de longe a mais rica nesse bem preciosíssimo, cuja falta representa a maior crise do século XXI.

Com referência a terras agricultáveis, o Brasil tem um potencial disponível de 500 milhões de hectares, dos quais só usou em torno de 10%. Entretanto, não bastassem todos esses trunfos, conforme veremos a seguir, temos o maior projeto de energia renovável do mundo a partir da biomassa, dominamos toda a tecnologia pertinente, possuímos um parque industrial de primeiro nível totalmente instalado, afora a agricultura mais competitiva do planeta.

Para que se tenha uma vaga idéia do que significa a energia da biomassa, basta citar que a incidência da radiação solar sobre a terra equivale, por dia, ao montante global de todas as reservas de petróleo do mundo.

Embora haja outras formas de energia renovável, a única forma energética capaz de substituir o petróleo é a biomassa. Seus derivados estão aptos a ocupar o lugar dele sob a forma líquida, gasosa e sólida*, em proporções compatíveis com o consumo mundial, atual e futuro.

* Através da produção do carvão vegetal.

E a única nação que tem toda a possibilidade de liderar essa produção é o Brasil. Temos todas as condições naturais para fazê-lo, a tecnologia, a capacidade industrial e agronômica. Somos, portanto, predestinados a estabelecer um contraponto à civilização do petróleo, substituindo-a pela civilização dos carboidratos. Gerando aquilo que parece uma panacéia para as angústias do mundo moderno: uma energia barata, abundante, limpa e renovável.

Não é sonho: só depende de nós!

A título de ilustrar o gigantesco potencial que o Brasil tem para se transformar na nação líder do mundo em energia proveniente da biomassa, é pertinente mencionar um dado comparativo. Segundo cálculos teóricos de alguns especialistas, bastaria se utilizar uma parte degradada do solo amazônico para se plantar dendê e estaríamos aptos a produzir 8 milhões de barris diários de óleo de dendê, que é a produção atual da Arábia Saudita em petróleo, promovendo-se ainda um saudável reflorestamento. Acrescente-se que esse é só um exemplo, sujeito, naturalmente, a análises mais aprofundadas. O que é incontestável, porém, é que o potencial da produção brasileira de óleos vegetais é fantástico, com um aspecto relevante: pode resultar do plantio de oleaginosas em todas as regiões brasileiras. Por exemplo, no semi-árido nordestino poder-se-ia investir maciçamente no plantio da mamona, no Sul e Centro-Oeste, da soja, sem contar com a magnífica disponibilidade do babaçu, no Maranhão. Ou seja, teria também uma função distributiva de rendas e geraria milhões de empregos.

Pesquisas recentes realizadas pela COPPE-UFRJ conduziram a conclusões interessantes: apenas para substituir o percentual de diesel do petróleo importado por biodiesel nacional haveria necessidade de quadruplicar a produção brasileira de óleos vegetais.

Pró-Álcool: do sucesso ao fracasso deliberado

As lições contidas na epopéia que resultou no Pró-Álcool – o maior e mais bem-sucedido programa de energia renovável do planeta – merecem reflexões. A primeira delas é a necessidade de um país dispor de um Projeto de Desenvolvimento Estratégico que norteie seus dirigentes. A segunda é a importância de, em um momento de crise, a nação contar com o líder certo no lugar certo.

Pelo sucesso alcançado pelo Pró-Álcool, que conquistou a admiração mundial e pela lição que encerra a verdadeira saga de milhares de técnicos, especialistas e cientistas envolvidos em um programa que tinha um objetivo claro – a busca da auto-suficiência energética brasileira – sob a liderança de um presidente obstinado e que tinha consciência do valor da energia para o Brasil, vale a pena detalhá-lo.

Como visto, o presidente Geisel dirigiu o Brasil no olho do furacão dos choques do petróleo de 1973 e 1979, desencadeadores da maior crise de energia jamais experimentada pelas nações do mundo. Sem perder o objetivo central do seu PND, que era gerar um desenvolvimento auto-sustentável, estabeleceu, na sua busca obstinada para alcançar a auto-suficiência energética, um tripé estratégico para sustentá-lo, baseado em tecnologias próprias que potencializassem nossos recursos naturais, evitando importações, desenvolvendo tecnologia própria e gerando mão-de-obra no país. Suas três metas, já comentadas nesse trabalho, basearam-se nos seguintes parâmetros: incentivar a exploração de petróleo em águas profundas, setor no qual não havia ainda tecnologia adequada disponível; duplicar a capacidade de geração hidroenergética e, por fim, encontrar meios internos de substituir os derivados do petróleo.

Consciente de que uma das receitas fundamentais para um dirigente garantir sucesso em uma tarefa dificílima é a escolha do homem certo para coordená-la, instou o ministro Severo Gomes para lhe indicar uma pessoa credenciada a viabilizá-la. Dessa forma foi escolhido o professor José Bautista Vidal, dotado das melhores credenciais, físico e engenheiro baiano, pós-graduado na Espanha, em Santiago de Compostela e em Stanford, nos Estados Unidos. Na função de secretário de Tecnologia Industrial do Ministério da Indústria e Comércio do governo para o aproveitamento de energia a partir de fontes renováveis, poucos anos após alcançaria tal êxito que seria motivo de aplausos por parte de toda comunidade científica universal e inveja dos demais países.

Àquela época a equipe técnica do governo Geisel já tomara consciência de que o embargo do petróleo ao mundo ocidental, efetuado pela OPEP em setembro de 1973, era de extremo interesse das grandes corporações de petróleo anglo-americanas. A possibilidade do fim das reservas desse combustível fóssil e sua importância para o mundo que dele dependia sempre foram perspectivas que essas grandes corporações nunca deixaram de avaliar.

Incentivado pelo presidente Geisel, o professor José Bautista Vidal pôde criar um grupo de pesquisadores formado por engenheiros e físicos de alta competência, para avaliar as nossas fontes de recursos energéticos.

De início os pesquisadores puderam perceber que o Brasil detinha a mais alta potencialidade energética do planeta, por ser o continente dos trópicos com a mais elevada proporção de água doce e com vastas extensões de terras não-utilizadas. Nas pesquisas desencadeadas, concluiu-se que o Brasil poderia ser para sempre o grande fornecedor de formas substitutas dos derivados do petróleo e do carvão mineral.

Coordenando as pesquisas de dois mil especialistas ligados às mais diversas instituições tecnológicas do país, o professor Bautista Vidal concluiu que para o devido aproveitamento das novas fontes energéticas era necessário um desenvolvimento tecnológico complexo, que envolvia desde processos para a produção de combustíveis substitutos dos derivados do petróleo a partir de um vasto espectro de matérias-primas vegetais à elevação da produtividade agrícola desses produtos, além de extensa pesquisa em tecnologia para o uso destes combustíveis nos mais diversos motores e turbinas fabricados no Brasil.

O programa tecnológico da substituição de derivados do petróleo por combustíveis renováveis e limpos de origem vegetal envolveu cerca de 27 instituições de pesquisa e tecnologia e compreendeu dezenas de projetos, desde tecnologias de uso do coco babaçu na siderurgia até o desenvolvimento de um sacarímetro a laser na Unicamp, e a criação do Instituto de Pesquisas e Experimentação Agrícola da Mandioca, na Bahia.

Conta o próprio professor Bautista Vidal que, após extenso período de pesquisas, já em 1975, a Secretaria de Tecnologia Industrial elaborou o documento Álcool Motor, apresentado ao presidente Ernesto Geisel e aprovado pelo Conselho de Desenvolvimento Econômico, coordenado pelo próprio presidente, que atuava com larga experiência na área do petróleo. Foi a partir do exame deste documento, em que se enumeravam e avaliavam as perspectivas quanto à utilização do álcool etílico como combustível automotor substituto dos derivados do petróleo, que, em novembro daquele mesmo ano, nascia o Programa Nacional do Álcool, que ficou conhecido como Pró-Álcool.

Por conta dos incentivos do governo, foi um período de extensa fecundidade dos pesquisadores brasileiros dedicados à identificação de fontes de energia alternativas. De um lado, realizavam-se atividades de compatibilização agrícola, industrial e de desenvolvimento tecnológico, que resultaram no surgimento dos motores automotivos com tecnologia adaptada para o uso do álcool hidratado exclusivo. De outro, desenvolviam-se paralelamente outras tecnologias para substituir o óleo diesel de petróleo pelos óleos vegetais, de mais fácil execução que a substituição da gasolina pelo álcool etílico. Também se realizaram importantes pesquisas para o uso da lenha e do carvão vegetal na grande siderurgia e nas fundições, em substituição ao carvão mineral importado.

Lembra o professor Bautista Vidal que, no início do Pró-Álcool, as corporações automobilísticas internacionais reagiram com descrença às pesquisas e queixaram-se ao presidente da República contra a possibilidade de os motores dos seus veículos operarem de acordo com as características do novo combustível.

Enquanto isso, no Brasil começaram a ser feitas as adaptações de motores a gasolina para uso com o álcool, em retíficas capacitadas para tal. Os primeiros carros fabricados para o uso exclusivo do álcool só começaram a sair em linha de produção quando chegaram as autorizações externas das matrizes das corporações automotivas. Em verdade, embora houvesse uma objeção ostensiva das multinacionais automobilísticas ao Pró-Álcool, até pelas conseqüências geopolíticas que certamente adviriam em favor do Brasil ao alcançar plena independência do petróleo, elas foram obrigadas a ceder e a autorizar as adaptações dos motores nos automóveis brasileiros, pelo agravamento da crise do setor nos demais países e por ser o programa, dentre as propostas estudadas no mundo para uso de combustível alternativo, o único a alcançar sucesso. Era afinal uma luz que surgia para a poderosa indústria que atravessava a mais grave crise da sua história. Da adesão das indústrias automobilísticas sediadas no Brasil resultou que, poucos anos depois, mais de 90% dos carros que rodavam no país eram movidos a álcool.

Um acontecimento ocorrido logo após a saída do presidente Geisel do governo dá uma idéia do reconhecimento internacional alcançado pelo Pró-Álcool.

Foi no verão de 1980, em Atlanta, Estados Unidos, no Congresso Mundial de Biomassa, que os esforços do governo brasileiro no âmbito da exploração de fontes de energia alternativa ecoaram mundialmente, em meio ao segundo choque provocado pelo segundo embargo da OPEP na distribuição do petróleo. O programa brasileiro de substituição dos derivados de petróleo pelo álcool nos veículos automotivos foi classificado à época como o único de sucesso em todo o mundo. A solução brasileira para a crise energética virou centenas de teses nas melhores universidades do mundo, com a publicação de inumeráveis livros sobre o assunto. O presidente americano Jimmy Carter – que, por sua vez, investiu maciçamente em pesquisas na busca de alternativas energéticas, embora sem alcançar sucesso – fez referências elogiosas ao êxito do Pró-Álcool, afirmando que o exemplo do programa alternativo energético brasileiro deveria ser seguido por todas as nações. Foi durante esta conferência que o professor Bautista Vidal, idealizador do projeto, terminou ovacionado de pé, por centenas de pesquisadores e estadistas mundiais reunidos no evento.

A revista *Science*, a publicação científica de maior circulação no mundo, dedicou seis páginas de uma de suas edições ao programa brasileiro que, segundo previram seus editorialistas, "transformaria o Brasil em potência energética".

Hoje, uma organização norte-americana composta por 22 governadores de Estado promovem nos Estados Unidos pesquisas e ações para o uso ampliado de combustíveis de origem vegetal. Também existem atualmente programas de combustíveis vegetais substitutos de derivados de petróleo em outros países, além do Brasil e Estados Unidos, como a Suécia, a França e a Alemanha, onde o álcool é fabricado a partir do milho para mistura com a gasolina, e óleos vegetais substituem o diesel.

Apesar de todo esse sucesso, no entanto, na metade dos anos 80 o programa foi bruscamente interrompido, justamente no momento em que a indústria automobilística nacional já fabricava 98% dos seus automóveis a álcool. Diagnostica o professor Bautista Vidal que o descrédito do álcool como combustível foi alcançado com a retirada, por ação externa, do crédito dos produtores de cana-de-açúcar, que representavam 30% de toda a cadeia geradora de álcool. Assim, faltaram 30% do produto no mercado, inviabilizando a continuidade de sua utilização. Crê o cientista brasileiro que a causa maior para a descontinuidade do programa foi o fato de que o Brasil iria contrariar grandes interesses multinacionais e se transformar no grande produtor mundial de formas energéticas limpas e permanentes, o que não é desejado pelas atuais nações hegemônicas que representam o Primeiro Mundo e que não têm alternativas aos fósseis.

Conforme esclarece hoje o professor Bautista, o programa de substituição da gasolina pelo álcool seria apenas o início do projeto, pois a ele se seguiria o programa que contemplaria a substituição do óleo diesel de petróleo e do óleo combustível, além da nafta, asfalto e demais derivados, por fontes locais de energia renovável alternativa. A esse respeito basta lembrar que ônibus e caminhões movidos a biodiesel, a partir do óleo de dendê, da mamona, do babaçu, etc, chegaram a rodar mais de 1 (hum) milhão de quilômetros pelas estradas brasileiras, com a orientação da Secretaria de Tecnologia do MIC. Caso as pesquisas tivessem tido continuidade com a mesma prioridade, certamente o Brasil de hoje já teria alcançado plena auto-suficiência energética e se tornado o único país a mover toda sua frota com energia renovável. Desafortunadamente tais pesquisas no período pós-Geisel seriam interrompidos e o Pró-Álcool desarticulado. No Brasil as pesquisas para a substituição do óleo diesel só viriam a ser retomadas no fim da década de 90, quando o país já não mais estaria só e vários outros desenvolviam estudos paralelamente, conforme será visto a seguir.

Pessoalmente, eu, que tive a oportunidade de conviver com o sucessor do presidente Geisel, acredito que esse desestímulo ao Pró-Álcool e demais pesquisas em prol da busca de fontes de energia renováveis – após ser vencida a pior fase do choque do petróleo, com o seu preço voltando a patamares mais compatíveis, as pesquisas e sobretudo o Pró-Álcool passaram a ser malvistos pela fria geopolítica do Primeiro Mundo – decorreu da falta de visão estratégica do presidente João Baptista Figueiredo que, talvez até por omissão, cedeu às previsíveis pressões externas.

ÓLEO VEGETAL X ÓLEO DIESEL

O biodiesel é uma evolução na tentativa de substituir o óleo diesel mineral por um óleo proveniente da biomassa, a partir do aproveitamento de óleos vegetais "in natura". O biodiesel aqui referido é conseguido por meio da reação de óleos vegetais com álcool, na presença do catalisador, em um processo denominado transesterificação. Na realidade não se trata de uma busca nova, pois sua origem remonta à criação do próprio motor diesel, em fins do século 19, com a utilização de óleos vegetais, ainda puros. Com efeito, Rundolf Diesel construiu em 1896 o seu primeiro motor, com eficiência da ordem de 26%, que foi testado com petróleo e, em 1900, com óleo de amêndoas, conforme apresentado na Exposição Universal de Motores em Paris.

Experiências seguidas, todavia, demonstraram uma certa dificuldade para a utilização de óleos vegetais em motores de combustão interna, por causa de depósitos de carbono e resíduos gordurosos, enquanto o óleo cru, proveniente do petróleo, pelo fato de não criar essas dificuldades, alcançava desempenho mecânico favorável, aumentando a eficiência dos motores. Claro que se as pesquisas com óleos vegetais tivessem prosseguido com o mesmo empenho inicial, tais dificuldades seriam superadas. Todavia, foram razões de ordem econômica as decisivas para a preferência do óleo derivado do petróleo. Ocorre que os óleos vegetais eram pouco disponíveis, sendo à época de maior custo do que os recém desenvolvidos derivados do petróleo, os quais, ademais, apresentavam maior homogeneidade e ganhos de eficiência em até 35%. Por conseqüência, foram abandonadas praticamente as experiências com os óleos vegetais como combustíveis, aderindo-se definitivamente aos derivados do petróleo, que demonstraram competitividade inconteste, até porque, salvo em épocas de conflitos internacionais, o petróleo foi mantido durante quase todo o século XX com preços artificialmente baixos. Esses preços, aliás, chegaram a valores tão reduzidos após a Segunda Guerra Mundial, que a chamada *época de ouro* da economia mundial, que vai de 1950 até os primórdios da década de 70, tem sua causa principal, conforme o consagrado historiador contemporâneo Eric Hobsbawm, na prevalência desses preços absurdamente baixos. Essa situação sofreria uma reviravolta de 180 graus com o choque do petróleo promovido pela união dos países produtores em torno de uma entidade chamada OPEP, que passaria a agir de forma eficientemente cartelizada. De fato, entre 1973 e 1979 o preço do petróleo pularia de US$ 2,9 para US$ 34, promovendo um verdadeiro desmantelo em uma civilização erigida na base do uso predatório do petróleo. Seus efeitos na economia mundial foram dramáticos, arrastando consigo um crescente endividamento externo das nações subdesenvolvidas e em desenvolvimento do mundo, face à reciclagem dos chamados petrodólares. Como não comporta aqui uma análise aprofundada das suas múltiplas conseqüências, que afetaram duramente o Brasil, resta, contudo, ressaltar um aspecto positivo: a necessidade que o mundo sentiu de duas práticas convergentes. A primeira consistia em desenvolver meios de poupar energia e, simultaneamente, estudar tecnologias alternativas para gerar energia renovável para substituir aquelas de origem fóssil.

De acordo com o que já se comentou aqui, o Brasil foi o país que teve maior êxito na criação daquele que ficou conhecido como o maior programa de engenharia alternativa do planeta, através do plano coordenado pela Secretaria de Tecnologia Industrial do Ministério de Indústria e Comércio, envolvendo milhares de técnicos e cientistas e abarcando diferentes áreas governamentais. Além da trajetória do Pró-Álcool, já comentada, vamos nos deter agora no Pró-Óleo - Plano de Produção de Óleos Vegetais para Fins Energéticos, que teve seu início em 1975; sob a coordenação direta do Ministério da Agricultura, e que resultou na Resolução nº 7 da Comissão Nacional de Energia. Seu objetivo era criar as condições para um grande excedente de óleo vegetal, capaz de tornar seus custos competitivos com os do óleo mineral, cujo preço, se pressupunha, seguiria tendência aceleradamente crescente. Por outro lado, se envolviam a Embrapa - Empresa Brasileira de Pesquisa Agropecuária e as Emater - Empresa de Assistência Técnica e Extensão Rural dos estados, dando-lhes a responsabilidade na identificação de plantas e promoção de pesquisas, a fim de encontrar espécies aptas a produzirem óleos vegetais de mais baixo custo, a ponto de concorrerem em pé de igualdade com o óleo mineral. Nessa ocasião foi concedida a primeira patente sobre biodiesel no país, visando substituir o óleo derivado do petróleo. O INPI - Instituto Nacional de Propriedade Industrial concedeu ao pesquisador Expedito José de Sá Parente, professor da Universidade Federal do Ceará e diretor da empresa PROEG - Produtora de Sistemas Energéticos Ltda., o direito de explorar a patente número PI 8007957.

Foram produzidos mais de 300 mil litros de biodiesel, e com eles foram realizados testes em ônibus, caminhões e tratores de vários fabricantes, ultrapassando um milhão de quilômetros rodados, com resultados plenamente positivos.

Aspecto essencial a ser destacado no óleo vegetal é seu papel altamente positivo em termos ecológicos, sendo que o balanço de emissões de dióxido de carbono de seu ciclo de vida é nulo. E será essa a principal razão que levaria, a partir da segunda metade da década de 90, vários países da Europa a retomarem as pesquisas para introduzir o óleo vegetal em substituição ao óleo diesel, seja isoladamente ou misturado.

Por todos os títulos, portanto, o quadro em fins da década de 70 era bastante animador, o que levava os pesquisadores, cientistas e técnicos envolvidos no Pró-Óleo a vislumbrar, a médio prazo, um sucesso semelhante ao do Pró-Álcool. A maior dificuldade ainda se encontrava na obtenção de espécies de plantas que alcançassem elevado grau de produtividade, o que reduziria os custos. A Embrapa, que iniciara na mesma década uma tarefa extremamente mais difícil, que era viabilizar a agricultura nos cerrados do Centro-Oeste – selecionando as mais diferentes espécies agrícolas que se adaptassem àqueles solos antes considerados inviáveis para agricultura – começava a alcançar seus primeiros êxitos, com resultados que abririam para o Brasil *a maior fronteira agrícola do mundo*, conquista que nos possibilita ter hoje a mais invejada agricultura do planeta.

Pois bem, à mesma Embrapa, que se tornaria no mundo símbolo de qualidade em pesquisas agrícolas, o governo Geisel tinha confiado a tarefa de conseguir óleo vegetal a preços competitivos com o diesel e, seguramente, teria alcançado tal objetivo, se extemporaneamente não fosse abandonado o programa Pró-Óleo. Não houvesse sido interrompido, juntamente com o absurdo desestímulo ao Pró-Álcool, o Brasil hoje estaria, certamente, independente dos principais derivados do petróleo, tais como a gasolina, o diesel e o asfalto, além do carvão mineral, que teria sido também substituído pelo carvão vegetal. Acrescente-se à força econômica que esse notável triunfo nos daria – o de ser o primeiro país do mundo a ter uma economia independente do petróleo – o fato alvissareiro de ter o parque industrial e a frota de veículos menos poluente do mundo. Lamentavelmente faltou ao sucessor de Geisel a mesma visão estratégica de desenvolvimento nacional.

Na realidade, a partir do segundo grande aumento do petróleo, em 1979, o mundo ficou deveras assustado com o cartel petrolífero e consciente de que não poderia ficar à mercê de seus caprichos. Vários países adiantados resolveram investir maciçamente em pesquisas em busca de opções diferenciadas para a energia movida pelo petróleo. Em pouco tempo os próprios líderes da OPEP começaram a se preocupar, sentindo que poderiam, a médio prazo, surgir alternativas ao petróleo, o que levou a Arábia Saudita e o Kwait a liderarem um forte aumento na produção, que resultou numa vigorosa queda no preço do combustível. Esse acontecimento foi tão marcante em termos econômicos, que se convencionou chamá-lo de contrachoque do petróleo e resultou no lastimável encerramento das pesquisas em busca de novas fontes energéticas competitivas.

No fim da década de 90 inicia-se um novo ciclo de aumento no preço do petróleo, que coincide com a crise energética brasileira, que terá reflexos para o recomeço no Brasil das pesquisas de energia renovável, embora nem de longe com aquele impulso da década de 70. Ao contrário, tem funcionado quase como uma satisfação à sociedade de uma ação *politicamente correta*, limitando-se a laboratórios de universidades de ponta. Resta lamentar, porém, que agora o Brasil já não estaria sozinho na liderança do processo como esteve na década de 70, pois vários países europeus já estão avançados em pesquisas de ponta, com fortíssimo comprometimento governamental. Cabe registrar, no entanto, que nesse contexto o grande apelo exercido nos países desenvolvidos é mais de interesse ecológico, já que o biodiesel puro anula todos os efeitos agressivos ao meio ambiente e, mesmo quando misturado ao óleo diesel petrolífero, diminui substancialmente seus efeitos. A propósito de misturas, ressalte-se que, segundo pesquisas realizadas pelo Centro Tecnológico Aeroespacial (CTA), pelo Instituto de Pesquisas Tecnológicas (IPT) e pelo Centro de Pesquisas da Petrobras (CENPES), com o óleo diesel acrescido de até 30% de óleo vegetal, seus ésteres têm características físico-química quase iguais ao diesel normal.

Dentre todos os países europeus, a Alemanha é aquele que está mais avançado na utilização do biodesel. Hoje uma grande frota de veículos leves, coletivos e caminhões já trafegam nas rodovias alemãs movidos a biodiesel puro, atendidos por cerca de 1.000 postos. Na tabela abaixo, pode ser percebido o consumo de biodiesel em vários países europeus, sendo de se destacar a progressão do seu crescimento, mais do que dobrando entre os anos 1998 e 2000 (até outubro).

Consumo de biodiesel na Europa – 1998 e 2000

País	Consumo de Biodiesel (t/ano)	
	1998	**2000** (até outubro)
Alemanha	72.000	315.000
França	70.000	50.000
Bélgica	15.000	-
Itália	-	40.000
Grã-Bretânia	1.000	-
Áustria	17.000	15.000
Suécia	8.000	7.000
República Tcheca	12.000	-
TOTAL	**195.000**	**427.000**

Fonte: www.biodiesel.com

Por sua vez, nos EUA, país que não prima pelas preocupações ambientais (vide posições adversas de Bush ao protocolo de Kyoto), já existem estados, tais como Minnesotta e Carolina do Norte, onde, a partir de janeiro de 2002, passou a ser obrigatório o acréscimo de 2% em todo o óleo diesel consumido. Acrescente-se que vários outros estados estão consumindo o biodiesel, não obstante não ser de uso obrigatório.

Todo esse panorama internacional abre uma perspectiva magnífica para a nossa economia, já que, embora muitos possam fazer pesquisas, nenhuma nação do planeta tem reservas de terras agricultáveis plenamente disponíveis como o Brasil. Com um aspecto altamente relevante: diferente da década de 70, atualmente o custo do óleo vegetal já se aproxima do valor do óleo diesel utilizado nacionalmente; como parte considerável dele é importada, poderia vir a ser substituído, pelo menos numa proporção que anulasse a parte adquirida no exterior, economizando divisas e gerando centenas de milhares de empregos no campo.

Cenário de biodiesel no Brasil

Creio que o centro de inteligência de pesquisas nacional que está mais avançado em biodiesel é a famosa Coordenação dos Programas de Pós-Graduação em Engenharia da Universidade Federal do Rio de Janeiro (COPPE/UFRJ), sob a liderança direta do conceituado cientista professor Luiz Pinguelli Rosa, um dos maiores conhecedores de energia do país, hoje ocupando a estratégica função de presidente da Eletrobrás. Ponto decisivo dessas pesquisas ocorreu em 1998, quando a Agência Nacional de Petróleo (ANP) publicou a Resolução número 180, que trata da necessidade de realização de testes pré-aprovados para a homologação de combustíveis. Depois dessa resolução, a COPPE enviou a primeira solicitação do país para realizar testes empregando biodiesel desenvolvido no Brasil em motores de combustão interna. Essa primeira fase envolve biodiesel de óleos vegetais usados, puros ou misturados ao óleo diesel.

Ressalte-se que a COPPE/UFRJ já vem realizando desde 1982 o processo de transesterificação nos seus aspectos econômicos, sociais, técnicos, ambientais e climáticos, voltado para as especificidades do óleo vegetal nacional. Todo esse esforço tem um objetivo claro de buscar a viabilidade da substituição, parcial ou total, de combustíveis para transportes e para geração pura e simples de energia elétrica.

O Brasil apresenta uma ampla possibilidade de empregar óleo vegetal das mais diferentes procedências – dendê, soja, girassol, mamona, etc – dependendo da região, apresentando, portanto, uma flexibilidade sem paralelo no mundo. Tanto que os especialistas mundiais acreditam que nosso país tem potencial para responder por 60% da demanda adicional de óleos vegetais.

Por exemplo, a mamona apresenta um potencial de crescimento excepcional no semi-árido nordestino, onde ela se adapta plenamente, inclusive podendo e devendo ser plantada à base de consórcio com outras culturas, duplicando a renda dos agricultores. Acrescente-se o fato relevante de ser ela uma cultura xerófila, apresentando elevada resistência às secas. Por outro lado, é de se destacar o papel da Embrapa, que tem desenvolvido espécies com 45% de óleo extraível, as quais poderão ter um papel destacado na independência energética brasileira na área de diesel, contribuindo, ademais, para a redução da miséria no campo.

Importa, ademais, ressaltar-se a produção concomitante de torta de mamona, indicado como adubo orgânico, com elevada repelência a insetos, ideal para agricultura orgânica.

É de se destacar que, em povoados isolados, o custo de óleo diesel é muito oneroso por conta dos transportes, o que encarece a geração elétrica, sendo muito favorável o uso direto do biodesel.

Observe-se abaixo o custo comparativo dos óleos vegetais e diesel no ano 2000:

Custos do óleo diesel importado e dos óleos vegetais em 2000

	US$/LITRO
ÓLEO DIESEL*	0,22
ÓLEO DE SOJA**	0,19
ÓLEO DE FRITURA**	0,16

Fontes: * ANP, 2000
**Mercado brasileiro, 2001.

Cabe observar que, lamentavelmente, a pesquisa de biodiesel brasileiro ainda está a nível acadêmico, não sendo uma política oficial do governo, como ocorre com vários países europeus e como ocorria pioneiramente no próprio Brasil da década de 70, quando os recursos para o Pró-Álcool eram ilimitados. Daí haver-se alcançado um retumbante sucesso.

No caso do COPPE-UFRJ, por exemplo, além das minguadas verbas próprias, a Universidade conta com o apoio isolado da Petrobras, precioso certamente, mas insuficiente ante a demanda nacional e a concorrência com outros países, que está a exigir uma reedição do esforço nacional da década de 70.

Os testes feitos, contudo, já denotam uma clara viabilidade para nosso biodiesel. Percebe-se que o que encarece o óleo industrializado são os reagentes nobres necessários para viabilizar o consumo humano. Retirando-os, seus preços certamente diminuirão, calcula-se, em torno de 15%.

Um aspecto que também precisa ser destacado é que as oleaginosas quando plantadas fixam nitrogêneo no solo, conseqüentemente tendo, de modo simultâneo, o papel de enriquecer esse mesmo solo.

Biomassa: uma experiência prática com o biodiesel

Uma experiência com resultados surpreendentemente promissores na área de energia renovável vem sendo implementada no país (numa parceria entre a Secretaria de Estado da Agricultura de São Paulo e a Universidade de São Paulo-USP, no campus de Ribeirão Preto), onde se pesquisa diariamente no campo a aplicação de óleo de girassol como combustível para tratores. A experiência-piloto desenvolve-se a 355 quilômetros de São Pauto, na fazenda Ataliba Leonel, em Manduri. Trata-se de uma fazenda da Secretaria da Agricultura do estado, especializada na produção de sementes selecionadas. Ali todos os tratores estão sendo abastecidos com o biodiesel, fabricado na própria fazenda a partir do óleo de girassol, que tem substituído o óleo diesel com 100% de eficácia.

Com a utilização do novo combustível, os gestores do projeto já perceberam que as máquinas apresentaram um rendimento 10% maior por litro de combustível consumido em relação ao diesel, com a vantagem de que não se têm observado sinais de desgastes nos equipamentos além do que seria perfeitamente normal.

Os pesquisadores observaram que, considerando o aproveitamento da torta resultante da prensagem do girassol para se obter o óleo, o custo do biodiesel chega a ser 20% menor que o dos derivados de petróleo, além do ganho ambiental que se verifica, na medida em que o óleo produzido, diferentemente do diesel, não tem componentes de chumbo e enxofre, que apresentam enorme potencial de poluir o ambiente.

Vale ressaltar que o óleo de girassol produzido é o denominado óleo virgem, diretamente resultante da prensagem das sementes do girassol e que serve não apenas para movimentar os motores da fazenda, desde os tratores até as colhedoras, como também para ser utilizado na cozinha e para a geração de energia elétrica.

Após a produção do óleo, a torta que sobra da prensagem pode ser utilizada, pelo seu alto teor nutritivo, para a ração animal, levando-se em conta que o produto armazena 24% de proteínas. Além disso, os restos da cultura do girassol podem ser utilizados para silagem.

Na fazenda de Manduri, os caminhões, máquinas e tratores consomem cerca de 11 mil litros de biodiesel por mês. Nos primeiros testes foi utilizada uma mistura de diesel com apenas 20% de óleo de girassol; à medida que se constatava o sucesso da experiência, os técnicos foram retirando o diesel da mistura até só restar mesmo o óleo vegetal, que não ofereceu nenhum tipo de problema para os motores dos equipamentos.

Extraído numa pequena prensa com capacidade para 40 quilos de grãos por hora, cada quilo de sementes rende entre 300 e 400 gramas de óleo. Uma parte do produto, óleo puro, sem nenhum aditivo, é utilizada para o consumo das famílias que residem na fazenda. O grosso vai para o abastecimento dos tratores e caminhões.

Os pesquisadores assinalam que estão utilizando nas experiências exclusivamente o óleo bruto, a forma mais rústica de aproveitamento do produto, obtendo, ainda assim, grande sucesso. No entanto, observam que com a retirada da glicerina e a adição de etanol e de um catalisador, o rendimento do motor melhora sensivelmente.

A cultura do girassol

O modelo desenvolvido na fazenda deve servir, segundo os pesquisadores, para propriedades que tenham de três a quatro tratores, um ou dois caminhões, uma colhedora e algumas máquinas. O cultivo do girassol é considerado rústico e sua utilização na rotação de culturas tem sido observada com sucesso, por diminuir a incidência de pragas, doenças e ervas daninhas. Incorporado ao solo como adubo verde, transforma-se rapidamente em adubo orgânico e, como sufoca as ervas, favorece o plantio direto. Sua semente é resistente a pragas e pode ser armazenada por longo período para posterior utilização.

O rendimento da cultura é de 1.500 a 2.000 quilos de sementes e 30 toneladas de massa verde por hectare na estação de menor produtividade do ano. No verão, entretanto, chega a render 70 toneladas de massa verde e até 3 mil quilos de grãos por hectare.

Técnicos do Centro de Produção de Sementes da Secretaria de Agricultura de São Paulo elaboraram inclusive uma planilha de custos da produção do biodiesel. Considerando o plantio do girassol nos meses de janeiro e fevereiro e uma produtividade média de 1.500 quilos por hectare, o custo por hectare será de R$ 414,00. Já o custo de extração de 500 litros de óleo, equivalentes à produção de 1 hectare, sai por R$ 100,00. Como subproduto da extração, o produtor obtém ainda mil quilos de torta por hectare, avaliada em R$ 200,09. Considerando o custo total do biodiesel, de R$ 514,00, menos a receita de venda da torta, o custo por litro é de R$ 0,63, enquanto o óleo diesel custa em torno de R$ 0,80 por litro.

Outras alternativas

Além do óleo de girassol, os cientistas brasileiros têm se empenhado na pesquisa de outras fontes alternativas para a produção do biodiesel. Afora o álcool hidratado, fruto do Pró-Álcool, maior programa de energia renovável do mundo, que há anos abastece parte da frota nacional, o país vem investindo no desenvolvimento do biodiesel a partir de uma mistura do óleo vegetal – que pode ser também soja, babaçu ou dendê – com o álcool anidro, reduzindo os níveis de emissão de poluentes.

O Ministério da Ciência e Tecnologia criou, recentemente, um programa específico para o biodiesel, que já conta com uma rede de pesquisas composta por cerca de 160 técnicos. Lamentavelmente bem modesto em comparação como o que se realiza em outros países que, por omissão nossa, tomaram a liderança exclusiva que tínhamos na década de 70.

As pesquisas revelaram que o biodiesel também pode ser utilizado em motores estacionários, para a geração de eletricidade e irrigação de lavouras.

Já se verificou também que a tecnologia brasileira para a utilização do óleo de soja, na formação desse combustível, tem despertado o interesse internacional. Nos Estados Unidos, as experiências com o biodiesel ainda são recentes: em São Francisco, na Califórnia, alguns postos abastecem veículos com o óleo vegetal usado nas cozinhas de redes de *fast food*, que custa cerca de 3 dólares por galão, 50% a mais que o preço do diesel comum, uma alternativa, portanto, bem mais cara que a brasileira.

PRÓ-CANA

O eminente professor da Escola de Altos Estudos de Ciências Sociais de Paris e também diretor do Centro de Pesquisas sobre o Brasil Contemporâneo na França, Ignacy Sachs, entusiasmado após tomar conhecimento de estudos sobre o imenso potencial da geração da energia a partir da cana em nosso imenso país tropical, chegou a sugerir que, mais do que o Pró-Álcool, deveríamos criar o Pró-Cana. Com efeito, ainda estamos muitíssimo distantes da exploração plena dessa planta notável que é a cana-de-açúcar, cuja implantação remonta às raízes da nossa colonização. De fato, seu desenvolvimento se confunde com nossa própria história, influenciando decisivamente nossa formação sociológica, conforme descrito na magistral obra "Casa-Grande & Senzala" do imortal Gilberto Freyre. Com a formidável saga do Pró-Álcool parecia esgotada a contribuição dessa planta mágica, mas, longe disso, ela ainda está fadada a promover grandes riquezas para os brasileiros, podendo agregar excepcional valor à exploração da cana, incentivando sobremaneira a rentabilidade da sua cultura.

Antes de adentrar na análise do seu novo subproduto, parece-me oportuno ressaltar dois aspectos inestimáveis que são inerentes ao cultivo da cana: a extraordinária produtividade agrícola alcançada pela sua cultura no território nacional e a verdadeira usina de empregos que ela significa. Para que se tenha uma avaliação, calcula-se que hoje ela responde pela geração de 1,04 milhão de postos de trabalho. São esses, aliás, grandes motivos para que várias figuras lúcidas de diferentes procedências – desde membros da comunidade universitária, cientistas, analistas econômicos a empresários nacionalistas – defendam a volta de um vigoroso pacote de incentivos ao Pró-Álcool. Dentre estes, um dos mais valorosos defensores é Antonio Ermírio de Moraes, que, acima do fato de dirigir o maior grupo empresarial autenticamente brasileiro, é tido e havido como o mais aplaudido líder dos nossos empresários. Do seu importante empenho recente, acredito ser pertinente transcrever trechos de sua coluna publicada no jornal *O Estado de São Paulo*, de 22/04/2002 e retransmitido em inúmeros jornais:

> *"O Brasil não tem a menor razão para viver em sobressalto em relação às oscilações do preço do petróleo. Sim, porque, além de produzirmos 85% do consumo interno, dispomos de uma alternativa de inestimável valor – o álcool.*
>
> *Em 1984, cerca de 95% dos carros produzidos no Brasil usavam álcool. A crise do petróleo dos anos 70 estimulou o desenvolvimento de novas tecnologias de motores e o aumento da produção da cana-de-açúcar. Infelizmente, a falta de apoio governamental e as políticas de preços cambiantes geraram um grande descrédito em relação ao álcool. Em 2001, apenas 1% dos carros era a álcool.*
>
> *O Brasil tem tudo para usar o álcool em grande escala e, com isso, regularizar a oferta de combustível, economizar divisas, manter o ambiente limpo e gerar uma imensidão de empregos.*
>
> ***As condições naturais das diferentes regiões do Brasil permitem plantar a cana o ano todo. Isso garante uma oferta firme e contínua. Cada tonelada de cana tem um potencial energético equivalente a 1,2 barril de petróleo. Ademais, a mesma cana pode ser colhida cinco vezes.***
>
> *Está na hora de reativar o Programa do Álcool de maneira realista. A produção e a comercialização de cana, hoje em dia, não têm nenhum subsídio do governo – bem diferente do que ocorre no exterior.*
>
> *No Brasil, uma tonelada de açúcar custa de US$ 165 a US$ 200. No mundo, a média está entre US$ 320 e US$ 364, sem falar no açúcar de beterraba, que custa uma fortuna.*
>
> *Isso mostra a competitividade desse setor genuinamente nacional – até mesmo para exportar. E esse custo pode baixar ainda mais quando se removerem os persistentes entraves do custo Brasil.*
>
> *O mais importante, porém, são os benefícios sociais. A cana-de-açúcar é uma verdadeira usina de empregos. E empregos de baixo custo. Vejamos esta comparação: um posto de trabalho no setor petroquímico exige investimentos de, aproximadamente,*

US$ 200 mil; no metalúrgico, US$ 140 mil; no de bens de capital, US$ 100 mil; e na cana, apenas US$ 10 mil.

É inconcebível sofrermos diante dos humores dos perversos cartéis internacionais de petróleo quando temos em nossas mãos a solução simultânea dos problemas de energia, de divisas, de poluição e de emprego. Tudo isso por conta do setor privado, sem subsídios e sem cartelização.

O Brasil não pode continuar de olhos fechados nesse campo. A questão energética é importante, e a social mais ainda. (...)"

A boa notícia é que pregações com dados técnicos e econômicos irrefutáveis como a feita acima por Antonio Ermírio parecem estar dando frutos positivos. Em visita à China e Índia, em meados de 2002, o ministro Sérgio Amaral, do Desenvolvimento, Indústria e Comércio Exterior, ficou impressionado com o assédio que recebeu dos empresários locais ávidos pela tecnologia brasileira no campo do álcool. Imediatamente ele vislumbrou o imenso potencial exportador que se abre para o Brasil como produtor imbatível em termos de preço e qualidade do álcool e inúmeros equipamentos a ele inerentes, tais como as refinarias fabricadas com tecnologia própria pela indústria brasileira. E retomou um projeto já maduro concebido pelo seu antecessor Alcides Tapias para retomar o Pró-Álcool em larga escala, desta vez visando igualmente o promissor mercado externo. Basta constatar que, com a preocupação ambientalista em vigor no mundo moderno e com as diretrizes do Protocolo de Kyoto para se diminuírem as emissões do CO_2, o mercado é incomensurável. O Congresso dos EUA acaba de aprovar uma lei impondo a exigência para a gradativa adição de álcool à gasolina em todos os 50 estados americanos. Calcula-se que só o Japão, Califórnia e Costa Leste consumirão mais de 7 bilhões de litros de álcool por ano. Em contrapartida, o Brasil produz hoje 11 bilhões de litros, mas dispõe de capacidade instalada para produzir 16 bilhões de litros/ano sem a necessidade de adicionar nenhum equipamento novo. Por outro lado, os usineiros estão entusiasmados com a retomada do Pró-Álcool, e isto sem falar no notável impacto econômico que promoveriam suas decorrências sociais imensuráveis. Para que se tenha idéia, calcula-se que, para cada carro a álcool produzido no país, são gerados 29 novos empregos na indústria canavieira.

Quanto à nossa indústria automobilística, diferentemente dos seus receios na década de 70, há um clima altamente favorável para a retomada do programa e inclusive já desenvolveu um motor único no mundo chamado *flexfuel* ou motor flexível, capaz de funcionar alternadamente com álcool ou gasolina, afastando assim o espectro do temor dos compradores de automóveis sobre uma eventual falta de álcool nas bombas.

Todo o ambiente, portanto, é favorável a uma retomada do programa, agora dentro de uma perspectiva interna e externa. A dificuldade aparente é que o governo FHC só se deu conta dessa realidade no último ano do seu mandato e um prazo mínimo para o reinício efetivo de um novo Pró-Álcool seria de um ano. Mas essa dificuldade é só aparente, já que o presidente Lula, que antes tinha nos usineiros adversários ostensivos, em reunião, em 2002, ainda na condição de candidato, com os industriais da área sucro alcooleira, já se manifestou entusiasticamente favorável à idéia. Na condição de presidente da República, tem confirmado essa postura em reuniões mantidas com os usineiros no início do seu mandato.

Aparentemente, portanto, o bom senso parece estar voltando à realidade nacional e se presume que o programa seja retomado de modo vigoroso no novo período governamental.

Um novo e fantástico aproveitamento da cana-de-açúcar poderá promover um extraordinário efeito positivo em nossa matriz energética: *a utilização do bagaço da cana para gerar energia*. É verdade que hoje já se aproveita sua queima para autogeração da energia consumida pelas usinas. Mas a grande maioria dos que o fazem procedem de forma muito precária, promovendo um rendimento mínimo e usando raramente seu excesso de produção para conectar com a rede elétrica convencional. Grande parte da culpa desse procedimento deve ser debitada à falta de uma legislação nacional específica de estímulo à co-geração, como existe em vários países, sem contar com a apatia e até a má-vontade da esmagadora maioria das distribuidoras. As exceções são irrelevantes e, dentre elas, cabe ressaltar o exemplo positivo da CESP, que já estimula os usineiros na sua área de atuação. Para fins de ilustração dessa inexplicável indiferença do governo FHC ao inestimável potencial da autogeração, inexpressiva no Brasil, basta citar que nos EUA são gerados 60.000 MW* através do seu uso

* Praticamente a mesma quantidade de energia gerada por todo o sistema hidroelétrico brasileiro.

amplamente incentivado, a exemplo do que ocorre em vários países do Primeiro Mundo, conforme se vê na tabela abaixo:

Países	MW	%
EUA	60.000	7,0
Espanha	210	5,0
Portugal	500	10,0
Grécia	220	4,4
Holanda	6.600	35,0
Alemanha	14.000	11,0
Itália	10.000	11,0
Reino Unido	3.300	3,58
Dinamarca	5.400	27,0

Fonte: ALCKMIN J.T. – EFEI 1998

A nível nacional esse contexto, seguramente, poderia ser revertido através da transformação do bagaço de cana em energia, desde que houvesse a compulsoriedade de a rede de energia das concessionárias receber, sob condições favoráveis, o excesso de energia gerado nas usinas.

Tomando-se o ano de 2002, a safra situou-se em torno de 320 milhões de toneladas de cana, sendo 280 milhões no Centro Sul e 40 milhões no Norte-Nordeste. Desse total, 86 milhões de toneladas poderiam ter sido transformados em bagaço. Com a deficiente tecnologia atual, desse montante 53 milhões de MW/h por ano poderiam ter sido gerados teoricamente. Desse total, abatendo-se os 9 milhões de MW/h utilizados para autogeração, 44 milhões poderiam ser repassados ao mercado. Dito em outros termos, poderiam ser gerados 10.000 MW.

No entanto, se aproveitássemos as palhas, seriam alcançados 18.000 MW/h, ou seja, uma vez e meia tudo que atualmente é gerado em Itaipu, a maior hidroelétrica brasileira.

Aspecto relevante dessa análise é se reportar ao fato de que a safra de cana do Centro Sul, que é a maior no Brasil, coincide exatamente com o período mais seco da região. Ou seja, no período de poucas chuvas, quando o nível das represas baixa e quando, conseqüentemente, seria a fase sensata em que a geração hidroelétrica deveria ser poupada, haveria excesso de energia gerada a partir da biomassa da cana. Uma energia, vale a pena reiterar, não-poluente, que não implica em nenhum gasto de divisas e a preços competitivos com as danosas termoelétricas.

OUTRAS ALTERNATIVAS ENERGÉTICAS

Procurei aqui apresentar de forma resumida – sem preocupação com uma linguagem rebuscada tecnicamente, mas objetivando proporcionar uma base de compreensão para os formadores de opinião – uma visão sobre as principais formas de gerar energia alternativa. Evidente que não houve a preocupação de esgotar um assunto tão complexo e amplo, já que ainda haveria muito a se concentrar a respeito, desde as técnicas mais rudimentares às de tecnologia de ponta, inclusive aquelas ainda em estágio de pesquisa nos mais especializados centros de excelência do mundo. Parece-me oportuno, todavia, à guisa de informação, fazer referência a dois exemplos extremos: um proveniente de um sistema o mais rudimentar possível, e o outro a nível de tecnologia de ponta e ainda dependente de um aprofundamento de pesquisas.

Uma das viagens mais fascinantes e, sem sombra de dúvidas, aquela que me rendeu mais conhecimentos* em técnicas de convivência com as secas – ao lado das questões hídricas, é o tema principal ao qual tenho dedicado mais tempo, seja da minha vida intelectual, seja da minha vida pública – foi uma excursão de 90 dias às regiões áridas da China e da Índia. Dela o que mais me marcou foi como aquelas duas nações, várias vezes milenares, onde habita quase 40% da população do nosso planeta, tendo condições de solo e clima bem mais adversas do que as vigentes no Nor-

---

* Detalhando minhas impressões sobre o muito que aprendi na viagem, escrevi um livro publicado pela Editora Record, intitulado *Do Outro Lado do Mundo – Uma viagem para aprender.*

deste brasileiro, conseguem se viabilizar através de soluções simples e baratas (que o diga a acupuntura na medicina) para seus imensos problemas. Tendo tido a oportunidade de conhecer muito da sua notável engenhosidade, me conscientizei de que uma das falhas da cultura econômica brasileira é o fascínio pelo *american way of life* e suas soluções sofisticadas e principalmente onerosas. Na Índia e na China busca-se conciliar soluções eficientes, pragmáticas e, sobretudo, baratas. Creio que, pelo menos no Norte e Nordeste, nossas regiões mais pobres, nossos povos ganhariam muito em sua qualidade de vida se nos debruçássemos sobre muito das suas experiências. Claro, desde que estivéssemos destituídos de preconceitos elitizados. Parece-me pertinente me referir a dois exemplos que mais me impressionaram, um de cada país.

Na condição de engenheiro e mais ainda na de ex-governador de um estado pobre que teve a oportunidade de implantar uma ampla rede de esgoto sanitário em sua capital, tenho plena consciência de que a parte mais complexa e onerosa do sistema é exatamente a forma de tratamento dos seus efluentes. Normalmente se utilizam os emissários submarinos nas cidades litorâneas, ou as lagoas de decantação, sendo ambos de solução complexa e cara, além de demandarem redobrados cuidados ambientais. São esses os caminhos utilizados no mundo ocidental e que mais requerem cuidados e recursos.

Na Índia, entretanto, foi encontrada uma alternativa simples, barata e extremamente eficiente...

Tive a oportunidade de visitar algumas cidades de pequeno e médio portes que utilizam um sistema de tratamento de afluentes notável em termos de simplicidade e eficácia, além de implantado a preços irrisórios. No estado de Haryana visitei detalhadamente um desses exemplos servindo perfeitamente a uma cidade com uma população de 200 mil habitantes. Em resumo, trata-se de conduzir os efluentes, sejam de fezes e/ou águas servidas, para uma plantação de eucaliptos devidamente distribuídos, entre os quais se constroem pequenos canais *in natura*. Pois bem, os eucaliptos, além de absorverem todos os efluentes, deixando a área perfeitamente limpa, ainda se valem deles como eficiente adubo que, por sua vez, possibilitam o seu crescimento de modo exuberante.

O que impressiona em tal processo é o fato de ele transformar uma técnica onerosíssima em algo barato, simplíssimo e eficiente. Acho que só essa visita teria justificado a minha viagem à Índia.

A eficiência dos biodigestores

Já na China, vi a utilização de um processo de energia alternativa que, embora já conhecesse como solução pontual, jamais havia tomado conhecimento do uso em larga escala. Trata-se de um exemplo único no mundo, pela extensão do uso do biogás como magnífica solução para resolver a questão energética de várias dezenas de milhões de chineses espalhados na imensidão do campo de um país continental maior do que o Brasil.

Correndo o interior rural da China me chamou a atenção o fato de que, embora não houvesse em sua grande maioria rede de linhas elétricas, as pequenas propriedades eram iluminadas, inclusive muitas com a utilização de bombas movidas a energia para captar água no subsolo. Qual era o mistério? Simples: o uso do biogás para geração elétrica. Na prática, o chamado biogás é resultante da decomposição de qualquer matéria orgânica por microorganismos anaeróbicos. É verdade que até algumas décadas passadas o uso do biogás era difundido no interior do Brasil, onde resto de culturas e, principalmente, o esterco animal eram utilizados para a produção do metano voltado para o uso doméstico. Decorrentes, contudo, da matriz energética brasileira baseada na hidroeletricidade, grandes programas de eletrificação rural foram implementados, relegando-se o uso do biogás no meio rural brasileiro. Quem conhece, porém, a realidade do interior do Nordeste, mormente do Norte do nosso país, sabe que há ainda uma imensidade de propriedades rurais não atendidas, onde tal técnica ainda seria de inestimável valor. Creio que sua não utilização em massa está condicionada a um hábito de nossos dirigentes de tenderem mais para soluções sofisticadas e caras, até porque dão seguramente mais *marketing* do que soluções primitivas tais como utilizar – imagine! – fezes animais e humanas para gerar energia.

Felizmente, para o chinês, gente de sabedoria milenar, essas sutilezas não existem...

O saudoso humorista Henfil, num hilariante e inteligente relato que fez de sua viagem à China* escreveu que "ai do camponês chinês que desperdiçar uma grama de fezes, dos seus animais e de sua família!". Na prática,

* No livro *Henfil na China.*

guardados os exageros, há de fato um cuidado meticuloso em se utilizar todas as fezes nos milhões de biodigestores espalhados nas dezenas de milhões de propriedades agrícolas chinesas, dessa forma se proporcionando uma melhor qualidade de vida aos camponeses da China.

Além de gerar energia, os biodigestores têm notável utilidade: sua inestimável contribuição para a preservação do meio ambiente pela destinação e tratamento correto dos resíduos.

Cabe lembrar que os chineses conseguem produzir milhões e milhões de quilowatts equivalentes a dezenas de hidroelétricas de médio porte, só com fezes, utilizando-se dos biodigestores. Por meio desse sistema energético simplificado, substituem-se centenas de milhares de quilômetros de redes de transmissão, levando conforto para camponeses distantes; e isto além de empregá-lo também como fator de produção. Já existem centenas e centenas de equipamentos, simples, mas eficientes, que utilizam o biogás magnificamente.

Dessa forma, são economizados bilhões de dólares preciosos para um país ainda pobre. Além do aspecto energético dos biodigestores, devem ser considerados os efeitos excepcionais produzidos pelos fertilizantes, a custo irrelevante, por esse processo tão simples quanto eficiente. É de se lamentar que no interior do Brasil os biodigestores ainda sejam pouco utilizados, perdendo-se benefícios tão expressivos para o pequeno agricultor. Através deles podem ser iluminadas as casas, acionados motores, produzidos fertilizantes excelentes e até mesmo combustível para tratores e caminhões.

Realmente não podemos deixar de aproveitar a tecnologia de ponta usada na agricultura da Califórnia ou de Israel, especialmente em projetos empresariais de médio e grande portes, mas temos de ter em mente que somos um país pobre, que não pode abrir mão de técnicas do tipo "feijão com arroz", tais como as usadas com resultados excelentes pelos chineses e indianos ou, guardadas as proporções, pelos próprios peruanos, nossos vizinhos, cujos projetos conheci detidamente no passado.

Em suma, cabe-nos ter a mente aberta para as mais variadas experiências realizadas no mundo e, quando viável, adaptá-las à nossa realidade de modo favorável. Por outro lado, cabe-nos estar atentos ao que se pesquisa no estado da arte, com uso de tecnologia de ponta na produção energética. É o que ocorre na busca da produção energética a partir do hidrogênio líquido.

Hidrogênio líquido: combustível do século XXI

Para fazer frente às necessidades cada vez maiores de energia no mundo, grupos de pesquisadores da indústria automobilística têm-se dedicado ao estudo de uma nova tecnologia que possibilitará a operação de veículos movidos a hidrogênio. Além de prescindir das velhas e limitadas fontes de combustíveis fósseis, esta solução trará um efeito colateral ecologicamente muito importante para o futuro do planeta: reduzirá drasticamente a emissão de gases poluentes dos veículos automotivos, uma vez que o único resíduo decorrente da queima do hidrogênio será apenas o vapor d'água.

Trata-se da célula a combustível, no caso, o hidrogênio líquido, um gerador eletroquímico de energia elétrica, a alimentar um motor elétrico sem a necessidade de ineficientes baterias. As células a combustível se diferenciam das baterias: enquanto as baterias são meros acumuladores de energia, que demandam tempo e a necessidade de postos fixos para serem reabastecidas, as células geram a bordo dos veículos sua própria energia elétrica. O combustível da célula, o hidrogênio, em reação química com o oxigênio do ar, gera eletricidade e tem como subproduto basicamente a água.

O hidrogênio que alimenta a pilha de combustível pode ser obtido de quase todas as formas de energia conhecidas. É possível modificar tanto os combustíveis fósseis quanto o gás natural, inclusive o metanol e etano, para retirar hidrogênio deles, transformando-os em uma fonte de energia limpa.

A grande dificuldade inicial dos pesquisadores em relação ao hidrogênio líquido era que, embora ele pudesse ser armazenado a bordo, em contato com o ar é extremamente explosivo, além de ocupar muito volume, o que exigiria a utilização de pesados tanques. Essa limitação foi resolvida com a tecnologia de gerar a bordo o hidrogênio e utilizá-lo imediatamente para transformação em energia que alimenta o motor elétrico.

No entanto, ainda restam muitos problemas a serem resolvidos. Além da célula custar ainda muito caro para ser produzida, retira espaço para passageiros e bagagens, aumenta o peso morto do veículo, limita a potência e exige um período longo de espera antes da partida a frio.

Mas a idéia, que irá substituir os atuais motores a explosão, já tem estudos avançados em indústrias como a Ford, General Motors e BMW e sairá da atual fase dos protótipos para a de produto funcional em no máximo dez anos, como previu recentemente o presidente da General Motors, ichard Wagoner Júnior, em entrevista à revista *Veja*. Ele alertou para o fato de que no início tais veículos sairão pelo dobro* do preço dos atuais, mas esses custos serão reduzidos à medida que mais investimentos do governo e da iniciativa privada forem destinados ao projeto do carro que terá índice de poluição igual a zero.

Carros movidos a hidrogênio serão uma das melhores alternativas para os equipados com motores de combustão, pois a gasolina produz dióxido de carbono, considerado a principal causa da poluição e do aquecimento global.

Outra vantagem é que enquanto um motor movido a célula combustível transforma em movimento quase 100% da energia que produz, um motor a explosão converte em movimento menos 30% da energia liberada pela queima de combustível. O resto se dissipa na forma de calor.

O hidrogênio líquido é tido como um combustível imbatível. Além de usar apenas água e eletricidade – ou energia solar – para ser produzido, não deixa mais resíduos na atmosfera do que o vapor produzido pela água fervente.

O custo das células de combustível caiu bastante nos últimos anos, mas ainda pode ser considerado proibitivo para a massa consumidora. Os fabricantes de automóveis concordam que 2010 será mesmo a data aproximada para o início da produção em massa de versões destes automóveis. Já se sabe que a DaimlerChrysler, por exemplo, planeja produzir ônibus a células de combustível até o final de 2003 e alguns carros até 2004. Já a Ford espera ter veículos movidos a hidrogênio em 2004.

* Pelas afirmações de conceituados pesquisadores, o entrevistado foi muito otimista ao prever que será apenas o dobro do preço. Avaliações mais ponderadas prevêem preços bem maiores.

A BMW, fazendo crescer ainda mais a expectativa da indústria automobilística e da opinião pública em torno dos carros movidos a hidrogênio, apresentou em público, em fevereiro de 2002, em Dubai, nos Emirados Árabes, uma frota de dez destes veículos, que rodou a Europa e o Japão.

Já a General Motors começou a pesquisar as células a combustível para seus veículos há mais de 30 anos, quando se iniciou a corrida espacial envolvendo a Rússia e os Estados Unidos. Os projetos Gemini e Apolo, da Nasa, utilizavam células para gerar eletricidade e como fonte de água a bordo. Hoje a GM divide as pesquisas entre seus laboratórios nos EUA e na Alemanha. Recentemente exibiu uma versão do carro elétrico EV1 para transportar 4 passageiros, equipado com células a combustível capazes de gerar 185 cv para um motor elétrico trifásico, permitindo autonomia de quase 500 Km e aceleração de 0 a 96 Km/h em 9 segundos.

O governo dos Estados Unidos está empenhado nas pesquisas do carro movido a hidrogênio, garantindo subsídios para a produção destes veículos. A partir de 2003, por exemplo, no estado norte-americano da Califórnia, os veículos híbridos que utilizam os motores térmico e elétrico serão fiscalmente beneficiados, num primeiro passo para o incentivo da utilização da pilha de combustível.

O carro movido a hidrogênio poderá chegar ao mercado latino-americano com parte de sua tecnologia desenvolvida por cientistas brasileiros. Cientistas do Centro Incubador de Empresas Tecnológicas de São Paulo – Cietec – estão desenvolvendo o projeto. Eles estão criando *hardware* e *software* específicos para controlar o funcionamento de todos os componentes da célula combustível. No Brasil pelo menos quatro grupos de pesquisa trabalham para desenvolver células combustíveis.

Christopher Flavin, uma das maiores autoridades do mundo em energia alternativa e presidente da Worldwatch Institute, organização não-governamental que se dedica à defesa do meio ambiente, é uma das personalidades mais indicadas para fazer a defesa do novo combustível, por sua credibilidade como pesquisador e representante de tão afamada instituição internacional de defesa ecológica. E é justamente dele a expressão de que o hidrogênio é o combustível do futuro, por não poluir e não acabar nunca. Segundo Flavin, dentro desse contexto o Brasil tem grande potencial para tornar-se um líder energético em um novo cenário econômico no qual o petróleo dará lugar ao hidrogênio, justamente porque o Brasil tem fontes naturais gigantescas para produzir hidrogênio.

Flavin acredita que a predominância do hidrogênio líquido como alternativa energética não vai ocorrer do dia para a noite. Como o petróleo no início do século XX, o hidrogênio vai precisar de décadas até tornar-se tecnológica e economicamente viável e virar a principal fonte de energia do mundo. Ele lembra que o petróleo esteve debaixo da terra por séculos, sem ser utilizado, porque não havia tecnologia para transformá-lo em gasolina.

Jeremy Rifkin, professor da Wharton School, considerada uma das mais conceituadas escolas de administração dos Estados Unidos, escreveu recentemente um livro que tem alcançado grande repercussão na *intelligentsia* norte-americana chamado: *A Economia do Hidrogênio – A Criação de uma Nova Fonte de Energia*, em que faz previsões surpreendentes sobre essa forma alternativa de energia. Segundo ele, nos próximos 30 anos teremos drásticas mudanças nas formas de geração de energia e surgirá uma nova era, que ele chama de *pós-petróleo,* em que o hidrogênio será a forma principal de produzir geração energética. Conforme ele afirma, a ciência das nações desenvolvidas se encontra numa corrida contra o tempo, já que a energia a partir dos combustíveis fósseis se torna cada vez mais inviável, seja pelo seus custos de extração que se tornarão insuportavelmente crescentes, seja por suas conseqüências climáticas cada vez mais danosas para a sobrevivência humana. Quanto aos custos, que serão paulatinamente insuportáveis, ele cita dois dados contudentes: o primeiro que já ocorre presentemente – embora ignorado pela maioria da população – e o segundo baseado em projeções científicas insofismáveis referentes ao futuro de curto prazo. O primeiro se refere à verdadeira ocupação militar do Oriente Médio pelos EUA, que hoje já consome mais recursos da nação norte-americana do que ela gasta com a importação do petróleo.

E o segundo dado estarrecedor é que no máximo em três décadas – embora alguns cientistas calculam entre 10 e 20 anos – a produção do petróleo alcançará um pico a partir do qual seu custo de extração passará a ser crescentemente insuportável para o funcionamento da economia industrial. Daí porque as principais montadoras de automóveis estão numa disputa em busca da viabilidade econômica do hidrogênio como combustível, pois daí dependerá sua própria sobrevivência. Dentro desse contexto, ele cita desde previsões otimistas da Ford, segundo as quais em 2020 todos os carros estarão movidos a hidrogênio, até outras bem mais conservadoras, em que esse estágio de progresso só será alcançado muitas dezenas de anos à frente. Embora seja imprevisível se estabelecer, em termos precisos, quando será alcançada a plena viabilidade econômica do uso do hidrogênio em massa, ele adverte, contudo, que a manutenção da situação do consumo do petróleo cada vez maior está colocando em xeque a própria sobrevivência humana. E cita para confirmar sua assertiva as bruscas alterações climáticas já constatadas em todo o mundo moderno, como as recentes grandes enchentes na Europa e as secas recordes nos Estados Unidos.

Trocando em miúdos, não é possível se precisar quem está certo: se Jeremy Rifkin, que preconiza a plena viabilidade econômica da produção energética a partir do hidrogênio para as próximas três décadas, ou se Cristopher Flavin, para quem serão necessárias muitas décadas mais para isso ocorrer. O que é insofismável, entretanto, é que a ciência humana terá que encontrar, o mais breve possível, alternativas factíveis técnica e economicamente para substituir a geração energética a partir dos combustíveis fósseis. O que é um fato incontestável é que essa é uma circunstância que se impõe não apenas em termos econômicos, como em relação à própria sobrevivência da humanidade em nosso planeta... Essa a péssima notícia. Há, por outro lado, pelo menos uma aspecto positivo: é ponto de convergência de ambos os estudiosos a previsão de que o Brasil será um dos países mais favorecidos nessa geração energética, em especial a partir de nossas hidroelétricas. Parece-me, todavia, no que diz respeito ao nosso país – abundante de sol, água e uma imensidão quase inesgotável de áreas agricultáveis – que, enquanto o hidrogênio é um combustível de viabilidade mais ou menos remota, a geração energética a partir da biomassa é perfeitamente possível em termos imediatos, seja a nível de pleno domínio técnico, seja pela incontestável viabilidade econômica.

CONCLUSÃO

Procurei ao longo do livro demonstrar, com dados irrespondíveis, que a crise energética foi promovida única e exclusivamente por erros do Governo Federal, que resultaram em brutais prejuízos assumidos por toda a sociedade brasileira. O mais grave de todo esse quadro são as seqüelas que advirão no futuro pela introdução em massa de termoelétricas, que produzirão uma energia muito mais cara do que a gerada pelas hidroelétricas, setor em que o Brasil tem de longe o maior potencial do planeta. Isto, além do nefasto poder poluente das termoelétricas, tidas e havidas como as maiores promotoras do efeito-estufa e das chuvas ácidas, com conseqüências desastrosas para a própria sobrevivência do homem na terra. Por fim, inconcebível como, de modo inverso à maneira inteligente como o presidente Geisel enfrentou a maior crise energética da história, valendo-se, para reverter o quadro de desespero reinante, de soluções que capitalizavam nossas potencialidades internas,* lamentavelmente, nessa última crise, optou-se por processos que criavam permanente dependência externa, onerando desastrosamente nossa balança comercial.

Em suma, ao fim daquela que foi a maior crise energética jamais enfrentada pelo homem, o *crash* do petróleo da década de 70, emergimos com nossa economia mais forte e competitiva, enquanto que da crise imensamente menor do início do século 21 saímos com nossa economia fragilizada, menos competitiva, mais dependente do exterior e mais agressiva ao meio ambiente. E o inconcebível de tudo foi essa série de erros haver sido cometida exatamente no país que dispõe do mais formidável elenco de energia alternativa, tendo um potencial em energia, proveniente da biomassa, capaz de abastecer o mundo tanto quanto a Arábia Saudita pode fazê-lo por meio do seu petróleo. Porém, com uma diferença essencial: o petróleo exige centenas de milhões de anos para se formar e a biomassa se renova em meses.

* Criação do Pró-Álcool, dobrando nossas hidroelétricas e dando início à exploração de nosso petróleo em águas profundas.

Mas, enfim, procedendo a uma cuidadosa análise sobre a crise energética enfrentada pelo nosso país – cujas seqüelas não foram mais graves face às pesadas chuvas que surpreendentemente caíram no território brasileiro no final do ano 2002 – busquei sintetizar neste livro não apenas as raízes das suas causas e as conseqüências futuras de suas mazelas, mas, em especial, o amplo leque de caminhos para darmos uma volta por cima. Ou seja, o governo do presidente Lula tem uma fantástica oportunidade para viabilizar a implantação de uma infra-estrutura energética no Brasil sem similar no mundo, em termos de qualidade e competitividade para nosso parque industrial. E o que é importante: valendo-se de soluções exclusivamente dependentes de nossas potencialidades internas, sem necessidade de importação de tecnologia onerosa e, muito menos, compra de equipamentos ou matéria-prima do exterior. Em poucas palavras: optando-se por estratégias corretas, o Brasil tem condições plenas de emergir dessa crise como a maior potência energética do mundo do século XXI. Não se trata aqui de ufanismo nem de sonhos desconectados com a realidade. Trata-se de uma possibilidade concreta, perfeitamente factível, envolvendo fontes de energia convencional e, sobretudo, novas alternativas energéticas de que dispomos como nenhuma outra nação da terra. Claro que nada disso é fácil: nenhum povo alcança a condição de liderança geopolítica de forma natural, sem grandes sacrifícios e, em especial, sem o descortínio de um grande timoneiro. Mas, na verdade, no próprio setor energético já vimos um exemplo prático de como isso foi possível na década de 70: saímos da crise fortalecidos, na condição de líder absoluto do mais bem-sucedido programa de energia alternativa do mundo. Isso, contudo, não aconteceu por acaso, *decorreu de uma firme decisão política, da mobilização dos nossos melhores talentos científicos, da notável capacidade de adaptação de um segmento empresarial até então tido como marcantemente conservador*. Óbvio, havia também um ambiente favorável internacionalmente à busca dramática de novas alternativas energéticas. O lamentável, como vimos, é que não tenha havido continuidade no apoio ao Pró-Álcool e as pesquisas do Pró-Óleo tenham sido interrompidas.

Três décadas após, as circunstâncias outra vez voltam a ser excepcionalmente favoráveis ao Brasil. A nível internacional vive-se um clima de crescente insegurança com a perigosa dependência da economia mundial a um combustível fortemente controlado por um grupo reduzido de países e, ainda por cima, localizados em uma zona de enorme instabilidade. Além disso, a elite tecnológica mundial tem consciência da ameaça da crescente escassez das reservas de petróleo da terra, criando uma instabilidade gravíssima nas próprias raízes da nossa civilização industrial erigida nesses últimos 200 anos à base dos combustíveis fósseis, inicialmente o carvão e depois o petróleo. Quanto ao primeiro, há cada vez mais oposição ao seu uso pelo desastroso efeito poluidor, e quanto ao petróleo, ainda não houve uma nova crise com a explosão no seu preço de venda nos moldes da década de 70, graças à ocupação *manu militare* dos EUA no Oriente Médio. Quando se assiste à fúria beligerante do presidente Bush invadindo militarmente o Iraque, apesar da ampla repulsa internacional, a questão da existência ou não de um arsenal de armas nucleares por Saddam Hussein é secundária. O que atrai mesmo os EUA é a ambição de controlar as estratégicas reservas petrolíferas iraquianas. Hoje é do conhecimento pleno dos cientistas especializados a situação críticas das reservas petrolíferas norte-americanas. Não obstante os detalhes serem discutidos apenas a nível fechado de publicações científicas, recentemente* foi publicado um artigo assinado por Antonio Ermírio de Moraes – o que por si é atestado de credibilidade – na *Folha de S. Paulo*. Pela sua atualidade, vale a pena transcrevê-lo:

> *"Os Estados Unidos estão numa encruzilhada. Entre 1970-90, o consumo de petróleo aumentou 13% e a produção doméstica diminuiu 30%. O país não tem petróleo suficiente para sobreviver nos padrões atuais. Seus poços são raquíticos quando comparados aos do Oriente. A média de produção dos 600 mil poços americanos é de apenas 11 barris por dia, enquanto que na Arábia Saudita essa média ultrapassa os 9.000 barris por dia. É uma diferença monumental (Robert A. Ristinen e Jack J. Kraushaar, Energy and environment, John Wiley & Sons, New York, 1999). Além disso as reservas americanas são diminutas, o que coloca os Estados Unidos dependentes de petróleo importado por muitas décadas. Os americanos estarão nas mãos dos produtores estrangeiros por muito tempo. O quadro abaixo dá uma idéia da brutal diferença entre os países no que tange às reservas de petróleo.*

* Artigo publicado na *Folha de S. Paulo* em 16/02/03.

Maiores Reservas de Petróleo do Mundo

Em bilhões de barris

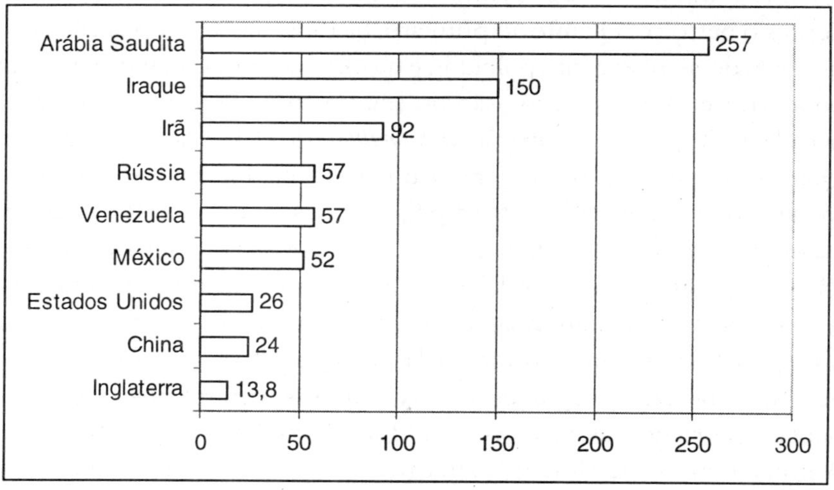

Só os Estados Unidos utilizam 32% da energia mundial, na maioria, combustíveis fósseis que, por sua vez, respondem por 85% da energia do planeta, recebendo, para tal, US$ 120 bilhões de subsídio todos os anos.

O consumo diário de petróleo nos Estados Unidos ultrapassa a casa dos 20 milhões de barris – dez vezes mais do que no Brasil. O país tem um PIB de mais de US$ 10 trilhões por ano e sua população se aproxima à casa dos 300 milhões de habitantes. A nação está sufocada diante de uma restrição tão severa."

Por outro lado, há uma consciência ecológica cada vez maior, principalmente após o Protocolo de Kyoto, contra as conseqüências da emissão do CO_2, cujo principal responsável é exatamente o emprego dos derivados do petróleo, seja nas termoelétricas, seja nos veículos ou no parque industrial em geral. *Pari Passu* a tudo isso tem havido um progresso extraordinário na competitividade do óleo vegetal em relação ao óleo diesel e, se é verdade que o Brasil não é mais o líder isolado nessas pesquisas, é o país, sem dúvidas, que tem condições inigualáveis de assumir a liderança na sua produção. Nenhum outro recebe uma tamanha incidência solar, além de deter maior disponibilidade de áreas agricultáveis ainda virgens. Tal vantagem comparativa é insofismável no aproveitamento da biomassa de modo geral. Sobretudo, no que diz respeito à conversão a curto prazo do bagaço da cana em energia: nesse setor temos, além da matéria-prima, parque industrial e tecnologia única no planeta.

Conforme demonstramos, só através do bagaço da cana temos potencial para gerar de 10.000 MW (o equivalente a toda a energia gerada hoje com o sistema CHESF) até 18.000 MW (1,5 vezes a energia gerada por Itaipu).

Três aspectos relevantes devem ser ressaltados nesse imenso potencial que tem o Brasil de gerar energia a partir da biomassa, a ponto de poder se transformar na maior potência energética do mundo* : a plena viabilidade de gerar de modo simultâneo energia em todo país* *; promover o reflorestamento, através do dendê, da parte degradada da Amazônia, diminuindo a vigorosa pressão dos países do Primeiro Mundo sobre o Brasil, por conta do progressivo desflorestamento; gerar milhões de novos empregos em todo território nacional. Há um aspecto adicional extremamente vantajoso: pelo menos a nível da região amazônica, esse programa poderia ser financiado a fundo perdido pelos países desenvolvidos. Como se sabe, pelos termos do Protocolo de Kyoto, as nações industrializadas poderão compensar sua emissão de CO2 através do subsídio para o reflorestamento em áreas de outros países. Ora, nenhum oferece tantas vantagens no setor do que o território brasileiro***.

Vistos esses pontos, fica claro que o Brasil tem uma oportunidade de ouro para se transformar no imensurável celeiro do planeta em energia renovável, capaz de poder isoladamente compensar a provável redução da produção mundial de petróleo.

Sonho? Assim reagiram na década de 70, ante o Pró-Álcool, os fabricantes de automóveis, embora mergulhados na crise do petróleo, antes de finalmente cederem à realidade e terem 95% dos seus veículos movidos a

---

* Com uma vantagem excepcional sobre as regiões produtoras de petróleo: gerando energia totalmente renovável e não-poluente.

** Dendê na Selva Amazônica, babaçu no Maranhão, mamona no Nordeste, soja no Sul e Centro-Oeste, bagaço de cana em São Paulo e Nordeste, girassol no Sul, etc.

*** É verdade que, examinando o egoísmo vigente na geopolítica econômica do Primeiro Mundo, tenho muitas dúvidas sobre a eficácia da concessão desses subsídios, em termos práticos. Não custa, contudo, testar a seriedade dos seus propósitos sobre a Amazônia.

álcool. Certamente se fosse dada continuidade às pesquisas do Pró-Óleo, conforme incentivado durante a gestão de Geisel, e todos nossos ônibus, caminhões e motores em geral estariam hoje, por igual, sendo abastecidos por óleos vegetais. Tecnicamente não há dúvidas da sua viabilidade, já que, conforme demonstramos, são centenas de milhares de veículos na terra que estão sendo movidos a óleo vegetal e funcionando de modo perfeito. Por outro lado, o Brasil já consegue produzir, através da mais competitiva agricultura do planeta, óleos vegetais a nível competitivo com os preços do óleo diesel, sem contar que só ocupamos, ao longo de 500 anos de história, um percentual relativamente pequeno* ante os milhões de hectares agricultáveis inteiramente ociosos.

Todas essas considerações levam-nos a concluir ser viável, pela primeira vez nesses últimos 200 anos, desde quando teve início a Revolução Industrial, período em que a humanidade viveu sua fase de maior progresso material baseada na exploração dos combustíveis fósseis – carvão e logo a seguir o petróleo – criarem-se as condições para uma mudança radical na base energética do mundo. Uma mudança, convém ressaltar, que resultará em imensa melhoria na qualidade de vida do homem, que hoje, pelas características do modelo energético adotado, promove uma poluição que cresce a níveis assustadores e começa a se tornar numa verdadeira ameaça à sobrevivência humana. Vale a pena reiterar as raízes dessa mudança.

Conforme já comentado, os combustíveis fósseis são formados pela energia solar acumulada nos hidratos de carbono das plantas e de animais microscópicos, num processo que demanda centenas de milhões de anos, sendo, portanto, por natureza, finitos. O que se propõe é o homem usar a energia diretamente armazenada nos hidratos de carbono das plantas, cujo processo exige apenas semanas, sendo plenamente renovável e, portanto, de uso ilimitado.

Um exemplo objetivo dessa energia baseada nos hidrocarbonetos é o petróleo, que requer centenas de milhões de anos para se formar, enquanto o aproveitamento da energia dos hidratos de carbono das plantas pode-se dar pelo óleo de girassol, que, como vimos, pode substituir com vantagens o óleo diesel do petróleo. Ora, todo o processo para o cultivo do girassol, do qual se forma um excelente óleo, não dura mais do que 120 dias.

* Só ocupamos, através da nossa agricultura, em torno de 10% do nosso potencial disponível.

Aspecto relevante para nós, brasileiros, é que os combustíveis provenientes da biomassa, ou seja, hidratos de carbono vegetal, para serem competitivos requerem um período rápido de formação, exigindo apenas muito sol e água, só factível nas regiões tropicais. E dentre os países tropicais, nenhum é mais viável do que o Brasil, por ser o único que dispõe de uma imensidão de terras agricultáveis ociosas.

Diante desse quadro altamente alvissareiro, o que nos falta? Uma firme decisão política capaz de mobilizar nossos imensos recursos agrícolas, humanos e tecnológicos – além da imprescindível firmeza para enfrentar as pressões que certamente virão dos países desenvolvidos, que não assistirão indiferentes ao grande salto qualitativo que o Brasil dará em seu desenvolvimento. Mas já assistimos a esse filme na década de 70 e nele fomos bem-sucedidos, graças à liderança de um governo dotado de visão de estadista. Claro que podemos repetir o tento, agora de modo ainda mais abrangente. É uma oportunidade fantástica que não podemos perder.

Só depende de nós!

Minha torcida é no sentido de que tenha sido capaz de retratar aqui essas idéias de modo convincente ante alguém que tenha condições de alguma forma influenciar essa decisão, que me parece fundamental para o futuro da nação brasileira. Se conseguir, valeram a pena os quase dois anos que gastei para elaborá-las e os brasileiros se mostrarão capazes de transformar o *limão* dessa inopinada crise energética, causadora dessa "herança maldita", numa *limonada* de imensas oportunidades.

Para saber mais sobre nossos títulos e autores,
visite nosso site:
www.mauad.com.br

Este livro, da MAUAD Editora,
foi impresso em papel ofsete 70g,
na gráfica Lidador